하루 10분
명문 낭독
영어 스피킹 100

하루 10분
명문 낭독
영어 스피킹 100

초 판 1쇄 발행 2016년 5월 1일
개정판 1쇄 발행 2020년 2월 15일
6쇄 발행 2024년 8월 6일

지은이 박주영
펴낸이 유성권

편집장 윤경선
편집부 김효선 조아윤   **홍보**   윤소담 박채원   **디자인** 디자인지
마케팅 김선우 강성 최성환 박혜민 심예찬 김현지
제작 장재균   **물류**   김성훈 강동훈

펴낸곳 ㈜이퍼블릭
출판등록 1970년 7월 28일, 제1-170호
주소 서울시 양천구 목동서로 211 범문빌딩 (07995)
대표전화 02-2653-5131 | **팩스** 02-2653-2455
메일 loginbook@epublic.co.kr
포스트 post.naver.com/epubliclogin
홈페이지 www.loginbook.com

로그인은 ㈜이퍼블릭의 어학·자녀교육·실용 브랜드입니다.

이 도서의 국립중앙도서관 출판예정도서목록(CIP)은 서지정보유통지원시스템 홈페이지(http://seoji.nl.go.kr)와
국가자료공동목록시스템(http://www.nl.go.kr/kolisnet)에서 이용하실 수 있습니다. (CIP제어번호: CIP2019051609)

100 Voices for 100 Days

하루 10분
명문 낭독
영어 스피킹 100

조이스 박 지음

로그인

"영어는 많은 문을 열어줍니다.
부디 행복으로 가는 문을 여시길 바랍니다."

《하루 10분 명문 낭독 영어 스피킹 100》 초판에 서명을 할 때 자주 써드렸던 말입니다. 인생에는 많은 문이 있습니다. 어떤 문을 택할 것인지, 그리고 택한 문을 여는 열쇠가 자신에게 있는지는 온전히 자신에게 달렸습니다.

그런 의미에서 영어는 많은 문을 열어주는 열쇠입니다. 행복이나 성공을 보장해주는 열쇠가 아닌, 삶에서 가질 수 있는 옵션을 늘려준다는 의미입니다. 그래서 우리는 이 열쇠를 찾거나 만들어야 합니다.

그러나, 삶은 '원하는 열쇠를 찾거나 만든다 → 문을 연다 → 원하는 곳에 도달한다 혹은 원하는 것을 얻는다'라는 도식처럼 일직선 운동이 아닙니다. 이 과정은 오랜 시간에 걸쳐 천천히 일어나고, 일상 속에서 알게 모르게 천천히 이루어집니다. 열쇠를 찾거나 만드는 과정, 문을 찾는 과정, 문을 여는 과정 등 이런 일련의 과정들이 중요한 이유입니다. 이 말은 곧 이 과정들이 즐겁지 않으면 삶의 여정이 힘들다는 말입니다.

영어가 삶의 많은 문을 열어주는 열쇠라면, 이 열쇠를 찾거나 만드는 과정은 반드시 즐거워야 합니다. 하지만 삶은 역설로 가득해서 행복으로 가는 문에 도달해야 비로소 행복해지는 것이 아니라 행복의 문으로 가는 여정이 행복해야 행복의 문에 도달할 수 있습니다.

제가 이 책을 집필한 이유도 여기에 있습니다. 영어를 즐기는 여정의 일부가 되기를 바라는 마음으로, 영미권 유명인들이 했던 연설과 인터뷰들을 발췌했습니다. 그들이 하는 영어의 뉘앙스를 느끼고, 따라해 보고, 문장을 다시 만들어 보는 과정이 기쁨이 되기를 바라는 마음을 함께 담았습니다. 그리고, 다시 한번 기원해 봅니다. 부디 이 책이 여러분들이 영어를 즐기는 과정이 되기를. 그리하여 영어가 많은 문을 열어주는 열쇠가 될 때, 여러분들은 행복으로 가는 문을 여시기를. 가는 길이 즐거워서 도달한 그곳도 즐거우시기를. 그렇게 즐거워서 즐거우시기를.

2020년 2월
여러분의 기쁨,
조이스 박

집밖으로만 나가면 모두 영어인 환경을 ESL(English as a Second Language) 환경이라고 합니다. 미국이나 영국 등의 영어권 국가로 유학이나 연수, 이민을 가서 영어를 배우는 환경을 말하죠. 반면 영어 교실 밖으로 나가 영어 인풋을 거의 받기 힘든 환경을 EFL(English as a Foreign Language) 환경이라고 하는데요, 한국에서 영어를 배우는 상황이 여기에 포함됩니다. EFL 환경에서 영어를 배우기란 참으로 고되고 힘든 일일 수 있습니다. 그래도 과거에 비하면 책과 시청각 자료들이 넘쳐나는지라 미국이나 영국에 가본 적이 없어서 영어를 못한다는 말은 이제 변명으로밖에 들리지 않을 수도 있습니다.

사실 연수를 간다고 해도 혼자서 공항에서부터 숙소와 학교까지 찾아갈 정도로 입을 뗄 수 없는 영어 실력이라면, 랭기지 스쿨에서 영어 실력이 비슷한 학생들과 우르르 몰려다니기 일쑤라 영어가 늘기 힘듭니다. 돈과 시간을 이중으로 낭비하는 것이죠. 제대로 된 연수를 하려면, 한국에서 최소 low intermediate level 정도까지는 영어를 익히고 나가야 돈과 시간을 낭비하지 않고 제대로 영어를 배워서 돌아올 수 있습니다. 그러니까 영어권 나라에 가본 적이 없어서 영어를 못한다는 말은 그 레벨에 다다르기 전까지는 접어두는 걸로 합시다.

그래서 준비해 보았습니다. 어떻게 하면 입이 트이게 할 수 있을까 하는 고민으로요. 눈으로 읽고 귀로 듣는 영어 인풋들은 수용적 식식에 지나지 않습니다. 하나의 지식 아이템을 여러 번 다른 층위로 만나면서 지식의 깊이를 점차 두텁게 해가며 자동화하지 않으면 입은 트이지 않습니다. 어떻게 자동화하냐고요? 원어민들 사이에서 세월아 네월아 하며 부담 없이 공부할 게 아니라면 자동화가 되는 방법은 스피킹 드릴, 즉 입으로 부단히 반복하며 떠들어서 문장의 패턴을 의식 아래로 밀어 넣는 겁니다. 더 이상 문장의 구조를 의식하지 않고, 별 수고 없이도 메시지만 생각하면 그 메시지를 담는 틀은 저절로 돌아가게끔, 그렇게 되기까지 스피킹 드릴을 해야 합니다. 이외에 왕도는 없습니다.

이 책은 말과 글에 뛰어나며, 더불어 삶으로 말과 글을 빛나게 한 영어권 인사들의 주옥같은 명언들을 모았습니다. 읽고 들은 다음 입을 열어 따라해 보고, 핵심 메시지를 영어 문장으로 말해보는 구조를 매 꼭지마다 만들어 놓았습니다. 책의 구성은 그렇게 10분씩, 눈으로 읽고, 한 문장씩 듣고 따라하고, 전체 문단을 듣고 따라하고, 응용 메시지를 영어로 말해보는 4단계를 따라가면 됩니다. 하지만 스피킹 드릴 연습은 여기서 그쳐서는 안 됩니다. 입에 붙을 때까지 계속해서 외운 걸 떠들고, 응용해서 바꾸어 떠들어보고, 실제 이런 상황에서는 이렇게 말할 텐데…… 생각하며 떠들어 보아야 비로소 머리로만 아는 영어가 아닌 내 입 밖으로 나오는 영어가 됩니다.

하루 10분, 짧다면 짧은 시간입니다. 하지만 매일 10분씩 꾸준히 100일을 한다면 어마어마한 영어가 쌓일 것입니다. 단지 쌓이기만 하는 것이 아니라 사용할 수 있는 살아 있는 언어로 바뀝니다. 100일 동안 매일 10분은 쉽지 않습니다. 새로운 마음으로 결심하고 새롭게 시작해 볼 수 있으실까요? 10분 영어가 그 100일 간의 여정을 함께하겠습니다.

영어는 삶의 풍경을 달라지게 합니다. 새로운, 더 넓은 세상을 보여주니까요. 저는 그래서 영어를 합니다. 그래서 영어를 좋아하고요. 함께하시지요.

2016년 4월
여러분의 기쁨,
조이스 박

이 책을 읽는 법

1day, 1paragraph!
1day 10minutes!

하루 한 문단, 하루 10분씩
작은 습관이 만드는 대단한 영어 실력을 경험해보세요.

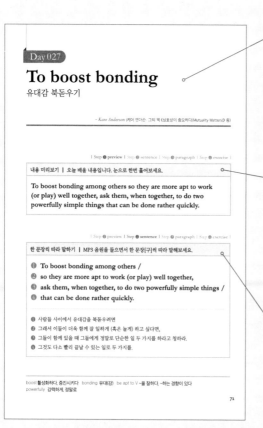

Read Aloud!
The Golden Sentences.

지식이 되는 명문들만 엄선했습니다.
흥미로운 인물들과 이야기들로
영어가 재미있어집니다.

Step 1. Preview
내용 미리보기

그날 배울 내용을 부담 없이
그냥 쓰~윽 한번 훑어보세요.

Step 2. Sentence
한 문장씩 따라 말하기

MP3 음원을 들으면서
한 문장[구]씩 따라서 말해봅니다.

day 1 to day 100

100일 후, 달라진 당신의 영어 실력에 깜짝 놀라실 거예요.

전체 문단 따라 말하기 | MP3 음원을 들으면서 동시에 전체 문단을 따라 말해보세요.

To boost bonding among others so they are more apt to work (or play) well together, ask them, when together, to do two powerfully simple things that can be done rather quickly.

사람들이 함께 일을 더 잘하도록 (혹은 더 잘 놀도록) 사람들 사이의 유대감을 북돋우려면 그들이 함께 있을 때 다소 빨리 끝날 수 있는 정말로 단순한 일 두 가지를 하라고 청하라.

Step 3. Paragraph
전체 문단 따라 말하기

MP3 음원을 들으면서 동시에 전체 문단을 따라 말해봅니다.

주요 표현 외워 말하기 | 한국어 표현을 보고, 해당하는 영어 표현을 입으로 말해보세요.

❶ 유대감을 복돋우라.
❷ 그들은 함께 일을 잘하는 경향이 있다.
❸ 그들에게 두 가지 일을 해달라고 청하라

❶ 유대감을 복돋우라. Boost bonding.
❷ 그들은 함께 일을 잘하는 경향이 있다. They are apt to work well together.
❸ 그들에게 두 가지 일을 해달라고 청하라. Ask them to do two things.

Step 4. Exercise
주요 표현 외워 말하기

한국어 표현을 보고 해당하는 영어 표현을 입으로 말해봅니다.

함께 읽기 케어 앤더슨(Kare Anderson)은 미국의 작가로, 〈포브스〉와 〈허핑턴포스트〉 등에 글을 기고하는 칼럼니스트이다. TED에 출연하여 "기회 창조자가 되라 (Be an opportunity maker)"는 주제로 연설을 하기도 했다. 본문에서 when together는 when they are together에서 they are가 생략된 표현이다.

드라마틱한 명사들의
삶과 본문 풀이를 함께 담았습니다.

Level 01 Day 001-025

Level 02 Day 026-050

Level 03 Day 051-075

하루 10분
명문 낭독 영어
Speaking 100

Day 001-025

01

Level

A reason for brick walls
벽돌 벽이 있는 이유

- Randy Pausch (랜디 포시: 2007년 9월 18일 카네기멜론대학교 강연 중)

| Step ❶ **preview** | Step ❷ sentence | Step ❸ paragraph | Step ❹ exercise |

내용 미리보기 | 오늘 배울 내용입니다. 눈으로 한번 훑어보세요.

Brick walls are there for a reason. The brick walls aren't there to keep us out. The brick walls are there to show us how badly we want things.

| Step ❶ preview | Step ❷ **sentence** | Step ❸ paragraph | Step ❹ exercise |

한 문장씩 따라 말하기 | MP3 음원을 들으면서 한 문장[구]씩 따라 말해보세요.

❶ **Brick walls are there for a reason.**
❷ **The brick walls aren't there to keep us out.**
❸ **The brick walls are there to show us /**
❹ **how badly we want things.**

---

❶ 벽돌 벽은 이유가 있어서 존재한다.
❷ 벽돌 벽은 우리가 들어가지 못하게 하려고 존재하는 게 아니다.
❸ 벽돌 벽은 우리에게 보여주기 위해 존재한다.
❹ 우리가 무언가를 얼마나 절실히 원하는지를.

---

brick walls 벽돌 벽 reason 이유 keep ~ out ~을 들어가지 못하게 하다 badly 몹시

전체 문단 따라 말하기 | MP3 음원을 들으면서 동시에 전체 문단을 따라 말해보세요.

Brick walls are there for a reason. The brick walls aren't there to keep us out. The brick walls are there to show us how badly we want things.

벽돌 벽이 존재하는 데는 이유가 있다. 벽돌 벽은 우리가 들어가지 못하게 하려고 존재하는 게 아니다. 벽돌 벽은 우리가 무언가를 얼마나 절실히 원하는지를 우리에게 보여주기 위해 존재한다.

주요 표현 외워 말하기 | 한국어 표현을 보고, 해당하는 영어 표현을 입으로 말해보세요.

❶ 그 벽은 이유가 있어서 존재한다.
❷ 그 벽은 우리를 들어가지 못하게 막는다.
❸ 우리가 무언가를 얼마나 원하는지 그 벽이 보여준다.

❶ 그 벽은 이유가 있어서 존재한다. The walls are there for a reason.
❷ 그 벽은 우리를 들어가지 못하게 막는다. The walls keep us out.
❸ 우리가 무언가를 얼마나 원하는지 그 벽이 보여준다.
　The walls show us how badly we want things.

함께 읽기

카네기멜론대학교의 컴퓨터 과학 교수였던 랜디 포시(Randy Pausch)가 2006년 9월 말기 췌장암 선고를 받은 뒤 2007년 9월 18일 교수직에서 물러나면서 'The Last Lecture: Really Achieving Your Childhood Dreams(마지막 강연: 어린 시절 꿈을 이루기)'라는 제목의 마지막 강연을 했다. 본문은 그 강연 중 한 구절로, 삶에 장애가 존재하는 이유는 그 장애가 우리의 소망과 갈망을 더 굳건히 해주는 힘이 있기 때문이라는 내용을 담고 있다.

We all want to be in love
우리는 모두 사랑하기를 원한다

-Will Smith (윌 스미스: 영국 BBC 인터뷰 중)

| Step ❶ **preview** | Step ❷ sentence | Step ❸ paragraph | Step ❹ exercise |

내용 미리보기 | 오늘 배울 내용입니다. 눈으로 한번 훑어보세요.

We all want to be in love and find that person who is going to love us no matter how our feet smell, no matter how angry we get one day, no matter the things we say that we don't mean.

| Step ❶ preview | Step ❷ **sentence** | Step ❸ paragraph | Step ❹ exercise |

한 문장씩 따라 말하기 | MP3 음원을 들으면서 한 문장[구]씩 따라 말해보세요.

❶ We all want to be in love and find that person /
❷ who is going to love us no matter how our feet smell,
❸ no matter how angry we get one day,
❹ no matter the things we say that we don't mean.

---

❶ 우리는 모두 사랑하기를 원하며 그런 사람을 찾기를 원한다.
❷ 우리 발에서 아무리 냄새가 나도 우리를 사랑해줄 사람을
❸ 어느 날 우리가 아무리 화를 내도 (사랑해줄 사람을)
❹ 우리가 맘에 없는 말을 아무리 해도 (사랑해줄 사람을).

---

in love 사랑하는 중인 no matter how 아무리 ~한다 할지라도 get angry 화가 나다 mean 의도하다

19

전체 문단 따라 말하기 | MP3 음원을 들으면서 동시에 전체 문단을 따라 말해보세요.

We all want to be in love and find that person who is going to love us no matter how our feet smell, no matter how angry we get one day, no matter the things we say that we don't mean.

우리는 모두 사랑하기를 원한다. 그리고 우리 발에서 아무리 냄새가 나도, 어느 날 우리가 아무리 화를 내도, 맘에 없는 말을 아무리 해도 우리를 사랑해줄 그런 사람을 찾기를 원한다.

주요 표현 외워 말하기 | 한국어 표현을 보고, 해당하는 영어 표현을 입으로 말해보세요.

❶ 우리는 모두 사랑하기를 원한다.
❷ 그는 우리가 아무리 화를 내도 우리를 사랑한다.
❸ 맘에 없는 말은 하지 마.

❶ 우리는 모두 사랑하기를 원한다. We all want to be in love.
❷ 그는 우리가 아무리 화를 내도 우리를 사랑한다. He loves us no matter how angry we get.
❸ 맘에 없는 말은 하지 마. Don't say things that you don't mean.

함께 읽기

영화 〈맨인블랙(Men In Black)〉으로 유명한 미국의 영화배우이자 제작자 그리고 래퍼인 윌 스미스(Will Smith)가 2005년 3월 영화 〈히치(Hitch)〉의 개봉을 앞두고 영국 BBC와의 인터뷰에서 한 말이다. "여자들은 다 휩쓸리듯이 사랑에 빠지길 원하는가요?"라는 질문에 그는 "사랑은 여자들만을 위한 것이 아니라 남자들을 위한 것이기도 하다"라고 말하며 본문과 같이 답했다.

The winners in life

인생의 승자

-*Denis Waitley* (데니스 웨이틀리: 그의 책 《승리의 심리학》 중)

| Step ❶ preview | Step ❷ sentence | Step ❸ paragraph | Step ❹ exercise |

내용 미리보기 | 오늘 배울 내용입니다. 눈으로 한번 훑어보세요.

> The winners in life think constantly in terms of I can, I will, and I am. Losers, on the other hand, concentrate their waking thoughts on what they should have or would have done, or what they can't do.

| Step ❶ preview | Step ❷ sentence | Step ❸ paragraph | Step ❹ exercise |

한 문장씩 따라 말하기 | MP3 음원을 들으면서 한 문장[구]씩 따라 말해보세요.

❶ The winners in life think constantly /

❷ I can, I will, and I am.

❸ Losers, on the other hand, concentrate their waking thoughts on /

❹ what they should have or would have done, or what they can't do.

- - - - - -

❶ 인생의 승자들은 계속해서 생각한다.

❷ '나는 할 수 있다', '나는 할 것이다' 그리고 '나는 그러하다'는 관점에서.

❸ 반면에 패배자들은 늘 관심을 쏟는다.

❹ 했어야 하는데 못한 일들, 할 수도 있었던 일들 또는 할 수 없는 일들에.

---

in terms of ~라는 점에서 loser 패배자 on the other hand 반면에 concentrate on ~에 집중하다 waking thought 늘 하는 생각 should have p.p. ~했어야 하는데 하지 않았다 would have p.p. ~했을 수도 있다

전체 문단 따라 말하기 | MP3 음원을 들으면서 동시에 전체 문단을 따라 말해보세요.

The winners in life think constantly in terms of I can, I will, and I am. Losers, on the other hand, concentrate their waking thoughts on what they should have or would have done, or what they can't do.

인생의 승자들은 계속해서 '나는 할 수 있다', '나는 할 것이다' 그리고 '나는 그러하다'라는 관점에서 생각한다. 반면에 패배자들은 했어야 하는데 못한 일들, 할 수도 있었던 일들, 또는 할 수 없는 일들에 늘 관심을 쏟는다.

주요 표현 외워 말하기 | 한국어 표현을 보고, 해당하는 영어 표현을 입으로 말해보세요.

❶ 나는 할 수 있다는 관점에서 생각한다.
❷ 나는 할 수 없는 일에 집중하지 않는다.
❸ 삶에는 승자와 패자가 있다.

❶ 나는 할 수 있다는 관점에서 생각한다. I think in terms of I can.
❷ 나는 할 수 없는 일에 집중하지 않는다. I don't concentrate on what I can't.
❸ 삶에는 승자와 패자가 있다. There are winners and losers in life.

함께 읽기

데니스 웨이틀리(Denis Waitely)는 미국에서 가장 인정받는 동기부여 강연자이자 14권의 책을 집필한 작가로, 미국 마케팅&세일즈 협회가 선정한 강연자로 명예의 전당에 오르기도 했다. 《승리의 심리학(Psychology of Winning)》이라는 책을 저술했을 만큼 승자로 사는 삶에 대한 여러 주옥같은 말을 남겼다. 본문은 《승리의 심리학》에 나오는 구절로, 승자처럼 생각해야 승리할 수 있다는 메시지를 전하고 있다.

Knowing you are loved
사랑받고 있음을 아는 것

- Michael Jackson (마이클 잭슨: 그의 책 《Dancing the Dream》 중)

| Step ❶ preview | Step ❷ sentence | Step ❸ paragraph | Step ❹ exercise |

내용 미리보기 | 오늘 배울 내용입니다. 눈으로 한번 훑어보세요.

If you enter this world knowing you are loved and you leave this world knowing the same, then everything that happens in between can be dealt with.

| Step ❶ preview | Step ❷ **sentence** | Step ❸ paragraph | Step ❹ exercise |

한 문장씩 따라 말하기 | MP3 음원을 들으면서 한 문장[구]씩 따라 말해보세요.

❶ If you enter this world knowing you are loved /
❷ and you leave this world knowing the same,
❸ then everything that happens in between can be dealt with.

- -

❶ 사랑받는 걸 알면서 이 세상에 오고
❷ 동일한 걸 알면서 이 세상을 떠난다면
❸ 그렇다면 그 사이에서 일어나는 모든 일에 대처할 수 있다.

---

enter 들어오다 leave 떠나다 in between 중간에, 사이에 deal with ~을 처리하다, 감당하다

전체 문단 따라 말하기 | MP3 음원을 들으면서 동시에 전체 문단을 따라 말해보세요.

If you enter this world knowing you are loved and you leave this world knowing the same, then everything that happens in between can be dealt with.

사랑받는다는 것을 알면서 이 세상에 와서 그렇게 알면서 이 세상을 떠난다면, 그렇다면 생애에서 일어나는 모든 일들에 대처할 수 있다.

주요 표현 외워 말하기 | 한국어 표현을 보고, 해당하는 영어 표현을 입으로 말해보세요.

❶ 당신이 사랑받고 있다는 걸 아는가?
❷ (당신이) 혼자가 아니라는 걸 알면서 이 나라를 떠나라.
❸ 나는 모든 일에 대처할 수 있다.

❶ 당신이 사랑받고 있다는 걸 아는가? Do you know you are loved?
❷ (당신이) 혼자가 아니라는 걸 알면서 이 나라를 떠나라.
　Leave this country knowing that you are not alone.
❸ 나는 모든 일에 대처할 수 있다. I can deal with everything.

함께 읽기

마이클 잭슨(Michael Jackson)은 팝의 황제라 불리는 미국의 싱어송라이터로, 전 세계적으로 명성을 떨쳤다. 이 말은 1992년 출간한 자신의 두 번째 책 《Dancing the Dream》에서 한 말이며, 그의 장례식 초대장에도 이 문구가 쓰였다. 사람의 삶에서 사랑을 아는 것이 가장 중요하다는 마이클 잭슨의 믿음을 보여주는 말로, 그는 이 말처럼 살았고 삶을 마무리했다.

If you believe
당신이 믿는다면

- *Seth Goldman* (세스 골드만: 2010년 아메리칸대학교 졸업 축하 연설 중)

| Step ❶ **preview** | Step ❷ sentence | Step ❸ paragraph | Step ❹ exercise |

내용 미리보기 | 오늘 배울 내용입니다. 눈으로 한번 훑어보세요.

If you believe in what you're saying, if you believe in what you're doing, you'll be more effective, more passionate and more authentic in everything you do.

| Step ❶ preview | Step ❷ **sentence** | Step ❸ paragraph | Step ❹ exercise |

한 문장씩 따라 말하기 | MP3 음원을 들으면서 한 문장[구]씩 따라 말해보세요.

❶ If you believe in what you're saying,
❷ if you believe in what you're doing,
❸ you'll be more effective, more passionate and more authentic /
❹ in everything you do.

- -

❶ 자신이 말하는 바를 믿는다면
❷ 자신이 행하는 바를 믿는다면
❸ 보다 효율적이고, 보다 열정적이며, 보다 진짜가 될 것이다.
❹ 당신이 하는 모든 일에서.

believe 믿다   effective 효과적인, 효율적인   passionate 열정적인   authentic 진본인, 진품인, 진짜인

전체 문단 따라 말하기 | MP3 음원을 들으면서 동시에 전체 문단을 따라 말해보세요.

If you believe in what you're saying, if you believe in what you're doing, you'll be more effective, more passionate and more authentic in everything you do.

자신이 말하는 바를 믿는다면, 자신이 행하는 바를 믿는다면, 여러분이 하는 모든 일에서 보다 효율적이고, 보다 열정적이며, 보다 진짜배기가 될 것이다.

주요 표현 외워 말하기 | 한국어 표현을 보고, 해당하는 영어 표현을 입으로 말해보세요.

❶ 당신은 당신이 하는 말을 믿는가?
❷ 당신은 당신이 행하는 바를 믿는가?
❸ 당신은 보다 효율적이 될 것이다.

❶ 당신은 당신이 하는 말을 믿는가? Do you believe in what you're saying?
❷ 당신은 당신이 행하는 바를 믿는가? Do you believe in what you're doing?
❸ 당신은 보다 효율적이 될 것이다. You'll be more effective.

함께 읽기 세스 골드만(Seth Goldman)은 하버드를 졸업하고 정치권에서 일하다 예일대 경영대학원 재학 중 배리 네일버프(Barry Nalebuff)와 함께 공정무역에 입각한 음료 회사인 Honest Tea를 창업했다. 이 연설은 2010년 아메리칸대학교 졸업식에서 한 말의 일부다.

Day 006

Be who you are
있는 그대로의 자신이 되세요

- Bernard Baruch (버나드 바루크: 《Shake Well Before Using》 중)

| Step **❶ preview** | Step **❷ sentence** | Step **❸ paragraph** | Step **❹ exercise** |

내용 미리보기 │ 오늘 배울 내용입니다. 눈으로 한번 훑어보세요.

Be who you are and say what you feel, because those who mind don't matter and those who matter don't mind.

| Step **❶ preview** | Step **❷ sentence** | Step **❸ paragraph** | Step **❹ exercise** |

한 문장씩 따라 말하기 │ MP3 음원을 들으면서 한 문장[구]씩 따라 말해보세요.

❶ Be who you are /

❷ and say what you feel,

❸ because those who mind don't matter /

❹ and those who matter don't mind.

❶ 있는 그대로의 당신이 되어라.

❷ 그리고 느끼는 바를 말하라,

❸ 신경 쓰는 이들은 중요하지 않고

❹ 중요한 이들은 신경 쓰지 않기 때문이다.

---

who you are 있는 그대로 당신의 모습   those who ~하는 사람들   mind 언짢아하다, 신경 쓰다   matter 중요하다

27

전체 문단 따라 말하기 | MP3 음원을 들으면서 동시에 전체 문단을 따라 말해보세요.

Be who you are and say what you feel, because those who mind don't matter and those who matter don't mind.

있는 그대로의 당신이 되어라. 그리고 느끼는 바를 말하라. 신경 쓰는 이들은 중요하지 않고, 중요한 이들은 신경 쓰지 않기 때문이다.

주요 표현 외워 말하기 | 한국어 표현을 보고, 해당하는 영어 표현을 입으로 말해보세요.

❶ 있는 그대로의 당신이 되어라.
❷ 당신이 느끼는 바를 말하라.
❸ 중요한 이들은 신경 쓰지 않는다.

---

❶ 있는 그대로의 당신이 되어라. Be who you are.
❷ 당신이 느끼는 바를 말하라. Say what you feel.
❸ 중요한 이들은 신경 쓰지 않는다. Those who matter don't mind.

함께 읽기

버나드 바루크(Bernard Baruch)는 미국의 금융인이자 정치인으로, 대통령 고문을 지냈다. 사업 성공 이후 민주당 대통령 윌슨과 루즈벨트의 자문으로 활동했다. 본문은 파티의 좌석 배치에 관한 질문에 대한 답으로, 베네트 서프(Bennett Cerf)의 책에 인용되었다.

Dreams can come true

꿈은 이루어질 수 있다

- Oscar Wilde (오스카 와일드: 그의 명언 중)

| Step ❶ preview | Step ❷ sentence | Step ❸ paragraph | Step ❹ exercise |

내용 미리보기 | 오늘 배울 내용입니다. 눈으로 한번 훑어보세요.

> They've promised that dreams can come true – but forgot to
> mention that nightmares are dreams, too.

| Step ❶ preview | Step ❷ sentence | Step ❸ paragraph | Step ❹ exercise |

한 문장씩 따라 말하기 | MP3 음원을 들으면서 한 문장[구]씩 따라 말해보세요.

❶ They've promised that dreams can come true /
❷ but forgot to mention that nightmares are dreams, too.

- -

❶ 사람들은 꿈은 이루어진다고들 약속해왔다.
❷ 그러나 악몽도 꿈이라는 것을 언급하는 건 잊었다.

---

promise 약속하다　come true 실현되다　mention 언급하다　nightmare 악몽

29

전체 문단 따라 말하기 | MP3 음원을 들으면서 동시에 전체 문단을 따라 말해보세요.

They've promised that dreams can come true – but forgot to mention that nightmares are dreams, too.

사람들은 꿈은 이루어진다고들 약속해왔다. 그러나 악몽도 꿈이라고 말하는 건 잊었다.

주요 표현 외워 말하기 | 한국어 표현을 보고, 해당하는 영어 표현을 입으로 말해보세요.

❶ 꿈은 실현될 수 있다.
❷ 그것을 언급하는 걸 잊지 마라.
❸ 악몽도 꿈이다.

❶ 꿈은 실현될 수 있다. Dreams can come true.
❷ 그것을 언급하는 걸 잊지 마라. Don't forget to mention that.
❸ 악몽도 꿈이다. Nightmares are dreams, too.

함께 읽기

오스카 와일드(Oscar Wilde)는 아일랜드의 극작가이자 소설가, 시인으로 비밀 단체인 프리메이슨의 회원이기도 했다. 런던에서 극작가로 상당한 성공을 거두었으나 일명 퀸즈베리 사건으로 불리는 동성애 사건으로 감옥에 수감된 뒤 명성을 잃고 쓸쓸하게 숨을 거두었다. 《도리언 그레이의 초상》, 《진지함의 중요성》, 《행복한 왕자》 등과 같은 작품을 남겼다. 본문은 오스카 와일드의 어록 중 하나로 알려져 있다.

Day 008

Deserve me at my best
최상일 때의 나를 누려라

- Marilyn Monroe (마릴린 먼로: 그녀의 명언 중)

| Step ❶ **preview** | Step ❷ sentence | Step ❸ paragraph | Step ❹ exercise |

내용 미리보기 | 오늘 배울 내용입니다. 눈으로 한번 훑어보세요.

I'm selfish, impatient and a little insecure. I make mistakes, I am out of control and at times hard to handle. But if you can't handle me at my worst, then you sure as hell don't deserve me at my best.

| Step ❶ preview | Step ❷ **sentence** | Step ❸ paragraph | Step ❹ exercise |

한 문장씩 따라 말하기 | MP3 음원을 들으면서 한 문장[구]씩 따라 말해보세요.

❶ I'm selfish, impatient and a little insecure.
❷ I make mistakes,
❸ I am out of control and at times hard to handle.
❹ But if you can't handle me at my worst,
❺ then you sure as hell don't deserve me at my best.

- -

❶ 나는 이기적이고 참을성이 없고 좀 불안정하다.
❷ 나는 실수를 한다.
❸ 나는 통제 불능이고 때로는 다루기 어렵다.
❹ 그러나 최악일 때의 나를 감당할 수 없다면
❺ 그렇다면 당신은 최상일 때의 나를 누릴 자격이 분명히 없다.

---

selfish 이기적인 impatient 참을성 없는 insecure 불안정한 out of control 통제 불능의 at times 때때로
handle 다루다, 처리하다 at one's worst 최악의 상태에(↔at one's best) sure as hell 확실히

31

전체 문단 따라 말하기 | MP3 음원을 들으면서 동시에 전체 문단을 따라 말해보세요.

I'm selfish, impatient and a little insecure. I make mistakes, I am out of control and at times hard to handle. But if you can't handle me at my worst, then you sure as hell don't deserve me at my best.

나는 이기적이고 참을성이 없고 좀 불안정하다. 실수도 저지르고 통제 불능에 때로는 다루기 어렵다. 그러나 최악일 때의 나를 감당할 수 없다면, 그렇다면 분명한 것은 당신은 최상일 때의 나를 누릴 자격이 없다는 것이다.

주요 표현 외워 말하기 | 한국어 표현을 보고, 해당하는 영어 표현을 입으로 말해보세요.

❶ 나는 실수들을 저지른다.
❷ 나는 때로는 다루기 어렵다.
❸ 당신은 나를 누릴 자격이 없다.

---

❶ 나는 실수들을 저지른다. I make mistakes.
❷ 나는 때로는 다루기 어렵다. I am at times hard to handle.
❸ 당신은 나를 누릴 자격이 없다. You don't deserve me.

함께 읽기

마릴린 먼로(Marilyn Monroe)라는 예명으로 유명한 미국의 여배우 노마 진 모턴슨(Norma Jeane Mortenson)이 한 말로 추정된다. 아름다운 금발과 푸른 눈, 전신에서 뿜겨져 나오는 성적 매력으로 전 세계인의 사랑을 받은 그녀는 아우라를 지녔던 마지막 영화배우로 꼽힌다. 본문은 가히 Bad girl's club의 일원인 여성이 할법한 말로, 정말 먼로가 한 말인지 많은 의심을 사고 있는 그녀의 명언 가운데 하나다. 먼로가 남겼다는 명언 중 많은 말들이 찾아보면 아닌 경우가 많다.

Only love
오직 사랑

-*Johnny Depp* (조니 뎁: 영화 〈돈 쥬앙(Don Juan DeMarco)〉 중)

| Step ❶ **preview** | Step ❷ sentence | Step ❸ paragraph | Step ❹ exercise |

내용 미리보기 | 오늘 배울 내용입니다. 눈으로 한번 훑어보세요.

There are four questions of value in life. What is sacred? Of what is the spirit made? What is worth living for, and what is worth dying for? The answer to each is the same. Only love.

| Step ❶ preview | Step ❷ **sentence** | Step ❸ paragraph | Step ❹ exercise |

한 문장씩 따라 말하기 | MP3 음원을 들으면서 한 문장[구]씩 따라 말해보세요.

❶ There are four questions of value in life.

❷ What is sacred?

❸ Of what is the spirit made?

❹ What is worth living for,

❺ and what is worth dying for?

❻ The answer to each is the same. Only love.

---

❶ 인생의 가치에 대한 네 가지 질문이 있다.

❷ 성스러운 것은 무엇인가?

❸ 영혼은 무엇으로 이루어져 있는가?

❹ 무엇을 위해 살 가치가 있는가?

❺ 무엇을 위해 죽을 가치가 있는가?

❻ 각 질문에 대한 답은 동일하다. 오직 사랑이다.

---

value 가치 sacred 성스러운 spirit 정신, 영혼 worth ~할 가치가 있는

전체 문단 따라 말하기 | MP3 음원을 들으면서 동시에 전체 문단을 따라 말해보세요.

There are four questions of value in life. What is sacred? Of what is the spirit made? What is worth living for, and what is worth dying for? The answer to each is the same. Only love.

인생의 가치에 대한 네 가지 질문이 있다. 성스러운 것은 무엇인가? 영혼은 무엇으로 이루어져 있는가? 무엇을 위해 살 가치가 있으며 무엇을 위해 죽을 가치가 있는가? 각 질문에 대한 답은 동일하다. 오직 사랑이다.

주요 표현 외워 말하기 | 한국어 표현을 보고, 해당하는 영어 표현을 입으로 말해보세요.

❶ 무엇을 위해 살 가치가 있는가?
❷ 무엇을 위해 죽을 가치가 있는가?
❸ 각각에 대한 답은 같다.

❶ 무엇을 위해 살 가치가 있는가? What is worth living for?
❷ 무엇을 위해 죽을 가치가 있는가? What is worth dying for?
❸ 각각에 대한 답은 같다. The answer to each is the same.

함께 읽기

조니 뎁(Johnny Depp)은 아카데미상 후보에 세 번 오르고 골든글로브상을 수상한 미국의 배우다. 1986년 올리버 스톤 감독의 〈플라툰〉에 조연으로 출연한 것을 시작으로 〈캐리비안의 해적〉 시리즈의 잭 스패로우 선장까지 개성 넘치고 독특한 역을 맡아 대체 불가한 연기를 펼치고 있다. 본문은 1995년에 개봉한 〈돈 쥬앙(Don Juan DeMarco)〉의 주인공 돈 쥬앙의 대사로, 사랑이 지고의 가치라 말하는 대목이다.

Pain and suffering is the key
아픔과 괴로움은 열쇠이다

- Angelina Jolie (안젤리나 졸리: ABC News 사이트)

| Step ❶ preview | Step ❷ sentence | Step ❸ paragraph | Step ❹ exercise |

내용 미리보기 | 오늘 배울 내용입니다. 눈으로 한번 훑어보세요.

Without pain, there would be no suffering, without suffering we would never learn from our mistakes. To make it right, pain and suffering is the key to all windows, without it, there is no way of life.

| Step ❶ preview | Step ❷ sentence | Step ❸ paragraph | Step ❹ exercise |

한 문장씩 따라 말하기 | MP3 음원을 들으면서 한 문장[구]씩 따라 말해보세요.

❶ Without pain, there would be no suffering,
❷ without suffering we would never learn from our mistakes.
❸ To make it right, pain and suffering is the key to all windows,
❹ without it, there is no way of life.

---

❶ 아픔이 없다면 괴로움이 없을 것이다.
❷ 괴로움이 없다면 우리는 실수에서 아무것도 배우지 못할 것이다.
❸ 실수를 제대로 바로잡으려면 아픔과 괴로움이 모든 창문의 열쇠이다,
❹ 그것이 없으면 인생의 길이란 없다.

---

pain 아픔 suffering 괴로움 mistake 실수 right 올바른

전체 문단 따라 말하기 | MP3 음원을 들으면서 동시에 전체 문단을 따라 말해보세요.

**Without pain, there would be no suffering, without suffering
we would never learn from our mistakes. To make it right,
pain and suffering is the key to all windows, without it, there is
no way of life.**

아픔이 없다면 괴로움이 없을 것이다. 괴로움이 없다면 우리는 실수에서 아무것도 배우지 못할 것이다. 실수를 제대로 바로잡으려면 아픔과 괴로움이 모든 창문의 열쇠이다. 아픔과 괴로움이 없다면 인생의 길이란 있을 수 없다.

주요 표현 외워 말하기 | 한국어 표현을 보고, 해당하는 영어 표현을 입으로 말해보세요.

❶ 아픔이 없다면 괴로움도 없을 것이다.
❷ 당신의 실수들로부터 배워라.
❸ 인생의 길이란 없다.

❶ 아픔이 없다면 괴로움도 없을 것이다. Without pain, there would be no suffering.
❷ 당신의 실수들로부터 배워라. Learn from your mistakes.
❸ 인생의 길이란 없다. There is no way of life.

**함께
읽기**

안젤리나 졸리(Angelina Jolie)는 아카데미상과 골든글로브상을 수상한 미국의 배우이다. 2011년과 2013년 〈포브스〉 지는 그녀를 미국에서 가장 출연료가 높은 여배우이자 감독, 제작자로 꼽았다. 유엔아동기금의 친선대사로 활동하며 아동 인권에 상당한 영향력을 끼치고 있다. 본문의 내용은 화려한 겉모습의 스타에게도 고통과 슬픔이 있고, 그 과정을 통해 성장하여 그녀가 사람들 앞에 아름다운 모습으로 섰음을 짐작케 한다. 졸리가 40세가 되던 2015년 ABC News가 소개한 그녀의 삶에 대한 내용 중 일부이다. 본문 중 window 다음에는 세미콜론(;)이 오는 게 맞지만, 졸리의 말이 실린 원문 그대로 콤마(,)로 실었다.

Do you love me for my weakness?

당신은 내 약점에도 불구하고 날 사랑하나요?

- Alain de Botton (알랭 드 보통: 그의 책 《왜 나는 너를 사랑하는가》 중)

| Step ❶ **preview** | Step ❷ sentence | Step ❸ paragraph | Step ❹ exercise |

내용 미리보기 | 오늘 배울 내용입니다. 눈으로 한번 훑어보세요.

Do you love me enough that I may be weak with you? Everyone loves strength, but do you love me for my weakness? That is the real test.

| Step ❶ preview | Step ❷ **sentence** | Step ❸ paragraph | Step ❹ exercise |

한 문장씩 따라 말하기 | MP3 음원을 들으면서 한 문장[구]씩 따라 말해보세요.

❶ Do you love me enough that I may be weak with you?
❷ Everyone loves strength,
❸ but do you love me for my weakness?
❹ That is the real test.

---

❶ 당신과 함께라면 내가 약해져도 될 정도로 나를 사랑하나요?
❷ 모두들 강점을 사랑하지만,
❸ 당신은 내 약점에도 불구하고 날 사랑하나요?
❹ 그게 진짜 시험이에요.

---

weak 약한 strength 힘, 강함 weakness 약점 test 시험

전체 문단 따라 말하기 | MP3 음원을 들으면서 동시에 전체 문단을 따라 말해보세요.

Do you love me enough that I may be weak with you? Everyone loves strength, but do you love me for my weakness? That is the real test.

당신과 함께라면 내가 약해져도 될 정도로 나를 사랑하나요? 모두들 강점을 사랑하지만, 당신은 내 약점에도 불구하고 날 사랑하나요? 그게 진짜 시험이에요.

주요 표현 외워 말하기 | 한국어 표현을 보고, 해당하는 영어 표현을 입으로 말해보세요.

❶ 당신과 함께라면 난 약해질지도 모른다.
❷ 모두들 강점을 사랑한다
❸ 당신은 내 약점에도 불구하고 나를 사랑하는가?

❶ 당신과 함께라면 난 약해질지도 모른다. I may be weak with you.
❷ 모두들 강함을 사랑한다. Everyone loves strength.
❸ 당신은 내 약점에도 불구하고 나를 사랑하는가? Do you love me for my weakness?

함께 읽기

알랭 드 보통(Alain de Botton)은 스위스에서 태어나 영국에서 활동 중인 철학가, 소설가, 수필가로 케임브리지대학에서 역사학을 전공했다. 《여행의 기술》, 《행복의 건축》, 《나는 왜 너를 사랑하는가》 등의 작품으로 유명하며, 한국인이 가장 사랑하는 작가 중 한 명이기도 하다. 2008년에는 인문학과 실생활의 접목을 목표로 인생 학교를 공동 설립, 강의를 하며 지내고 있다. 본문 중 for weakness의 for는 '~에도 불구하고'로 해석해야 한다.

Stay eager
간절함을 유지하라

- *Susan Sontag* (수잔 손택: 2003년 바사대학교 졸업 연설 중)

| Step ❶ preview | Step ❷ sentence | Step ❸ paragraph | Step ❹ exercise |

내용 미리보기 | 오늘 배울 내용입니다. 눈으로 한번 훑어보세요.

Do stuff, be clenched, curious, not waiting for inspiration's shove or society's kiss on your forehead. Pay attention. It's all about paying attention. Attention is vitality. It connects you with others. It makes you eager. Stay eager.

| Step ❶ preview | Step ❷ sentence | Step ❸ paragraph | Step ❹ exercise |

한 문장씩 따라 말하기 | MP3 음원을 들으면서 한 문장[구]씩 따라 말해보세요.

❶ Do stuff, be clenched, curious,
❷ not waiting for inspiration's shove /
❸ or society's kiss on your forehead.
❹ Pay attention.

❺ It's all about paying attention.
❻ Attention is vitality.
❼ It connects you with others.
❽ It makes you eager. Stay eager.

---

❶ 뭔가를 하라. 주먹을 꽉 쥐고, 궁금해하라.
❷ 영감이 떠밀기를 기다리거나
❸ 사회가 이마에 키스해주기를 기다리지 말고.
❹ 집중하라.

❺ 이것은 모두 집중에 관한 것이다.
❻ 집중은 활력이다.
❼ 그것이 당신을 다른 이들과 연결해준다.
❽ 그것이 당신을 간절하게 만들어준다.
간절함을 유지하라.

---

stuff 일, 내용   clench 꽉 쥐다, 이를 악물다   inspiration 영감   shove 떠밀기   forehead 이마
pay attention 주의를 기울이다   vitality 활력   eager 간절한

전체 문단 따라 말하기 | MP3 음원을 들으면서 동시에 전체 문단을 따라 말해보세요.

Do stuff, be clenched, curious, not waiting for inspiration's shove or society's kiss on your forehead. Pay attention. It's all about paying attention. Attention is vitality. It connects you with others. It makes you eager. Stay eager.

뭔가를 하라. 주먹을 꽉 쥐고, 궁금해하라. 영감이 밀려오기를 기다리거나 사회가 이마에 키스해 주기를 기다리지 말고, 집중하라. 이것은 모두 집중에 관한 것이다. 집중은 생명력이다. 그것이 당신을 다른 이들과 연결해주고 당신을 간절하게 만들어준다. 간절함을 유지하라.

주요 표현 외워 말하기 | 한국어 표현을 보고, 해당하는 영어 표현을 입으로 말해보세요.

❶ 집중하라.
❷ 이것은 모두 집중에 관한 것이다.
❸ 그것이 당신을 다른 이들과 연결해준다.

❶ 집중하라. Pay attention.
❷ 이것은 모두 집중에 관한 것이다. It's all about paying attention.
❸ 그것이 당신을 다른 이들과 연결해준다. It connects you with others.

함께 읽기

수잔 손택(Susan Sontag)은 미국의 비평가, 소설가, 연출가로 1960년대 미국의 반문화 운동을 대표하는 이론가이다. 해박한 지식과 특유의 감수성으로 '뉴욕 지성계의 여왕'으로 불렸으며, 《해석에 반대한다》, 《사진에 관하여》, 《타인의 고통》 등의 저서를 남겼다. 본문은 2003년 명문 여대로 알려진 바사대학교에서 한 졸업 연설 중 일부이다. 본문의 pay attention은 '주의를 기울여 정성을 다하다'는 의미로 쓰였다.

Courage to love
사랑할 용기

- *Madonna* (마돈나: 2004년 〈오 매거진(O Magazine)〉 인터뷰 중)

| Step ❶ **preview** | Step ❷ sentence | Step ❸ paragraph | Step ❹ exercise |

내용 미리보기 | 오늘 배울 내용입니다. 눈으로 한번 훑어보세요.

To be brave is to love someone unconditionally, without expecting anything in return. To just give. That takes courage, because we don't want to fall on our faces or leave ourselves open to hurt.

| Step ❶ preview | Step ❷ **sentence** | Step ❸ paragraph | Step ❹ exercise |

한 문장씩 따라 말하기 | MP3 음원을 들으면서 한 문장[구]씩 따라 말해보세요.

❶ To be brave is to love someone unconditionally,
❷ without expecting anything in return.
❸ To just give.
❹ That takes courage,
❺ because we don't want to fall on our faces /
❻ or leave ourselves open to hurt.

❶ 용감하다는 것은 누군가를 무조건적으로 사랑하는 것이다,
❷ 보답으로 어떤 것도 기대하지 않고.
❸ 그냥 주는 것이다.
❹ 그건 용기를 필요로 한다.
❺ 우리는 얼굴을 박고 쓰러지는 걸 원치도 않고
❻ 상처받도록 자신을 열어 보이길 원치도 않기 때문이다.

brave 용감한   unconditionally 무조건적으로   expect 기대하다   in return 보답으로   courage 용기
fall on one's face 얼굴을 박고 넘어지다

전체 문단 따라 말하기 | MP3 음원을 들으면서 동시에 전체 문단을 따라 말해보세요.

To be brave is to love someone unconditionally, without expecting anything in return. To just give. That takes courage, because we don't want to fall on our faces or leave ourselves open to hurt.

용감하다는 것은 어떤 대가도 기대하지 않고 무조건적으로 사랑하는 것이다. 그냥 주는 것이다. 그렇게 하려면 용기가 필요하다. 왜냐하면 우리는 누구도 얼굴을 박고 쓰러지거나, 상처받도록 자신을 드러내놓길 원치 않기 때문이다.

주요 표현 외워 말하기 | 한국어 표현을 보고, 해당하는 영어 표현을 입으로 말해보세요.

❶ 보답으로 아무것도 기대하지 마라.
❷ 우리는 얼굴을 박고 쓰러지고 싶지 않다.
❸ 우리는 상처받도록 자신을 열어 보이고 싶지 않다.

---

❶ 보답으로 어떤 것도 기대하지 마라. Don't expect anything in return.
❷ 우리는 얼굴을 박고 쓰러지고 싶지 않다. We don't want to fall on our faces.
❸ 우리는 상처받도록 자신을 열어 보이고 싶지 않다. We don't want to leave ourselves open to hurt.

함께 읽기

마돈나 루이스 치코네(Madonna Louise Ciccone), 일명 마돈나는 미국의 대중가수이자 배우이다. 상업 비디오의 부상과 함께 성적 매력과 도발적인 노래로 전 세계적인 성공을 거두며 팝의 여왕으로 군림했다. 대표곡으로 〈Like a Virgin〉, 〈Papa, Don't Preach〉, 〈La Isla Bonita〉, 〈Vogue〉 등이 있다. 본문은 2004년 〈오 매거진〉과의 인터뷰 중 일부이다. 사랑에 용기가 필요하다는 말은 과연, 마돈나 그녀답다.

No need to worry about mere size

단순히 크기에 대해 걱정할 필요는 없다

- *Bertrand Russel* (버트란드 러셀: 1959년 〈새터데이 이브닝 포스트〉 인터뷰 중)

| Step ❶ preview | Step ❷ sentence | Step ❸ paragraph | Step ❹ exercise |

내용 미리보기 | 오늘 배울 내용입니다. 눈으로 한번 훑어보세요.

There is no need to worry about mere size. We do not necessarily respect a fat man more than a thin man. Sir Isaac Newton was very much smaller than a hippopotamus, but we do not on that account value him less.

| Step ❶ preview | Step ❷ sentence | Step ❸ paragraph | Step ❹ exercise |

한 문장씩 따라 말하기 | MP3 음원을 들으면서 한 문장[구]씩 따라 말해보세요.

❶ There is no need to worry about mere size.
❷ We do not necessarily respect a fat man more than a thin man.
❸ Sir Isaac Newton was very much smaller than a hippopotamus,
❹ but we do not on that account value him less.

❶ 단순히 크기에 대해 걱정할 필요는 없다.
❷ 마른 사람보다 뚱뚱한 사람을 꼭 존경하는 건 아니다.
❸ 아이작 뉴튼 경은 하마보다 훨씬 더 작았지만,
❹ 그 때문에 우리가 그를 덜 가치 있게 여기는 것은 아니다.

mere 단순한 hippopotamus 하마 on that account 그 이유 때문에 value 가치 있게 여기다

전체 문단 따라 말하기 | MP3 음원을 들으면서 동시에 전체 문단을 따라 말해보세요.

There is no need to worry about mere size. We do not necessarily respect a fat man more than a thin man. Sir Isaac Newton was very much smaller than a hippopotamus, but we do not on that account value him less.

단순히 크기에 대해 걱정할 필요는 없다. 마른 사람보다 뚱뚱한 사람을 꼭 존경하는 건 아니니까. 아이작 뉴튼 경은 하마보다 훨씬 더 작았지만, 그 때문에 우리가 그의 가치를 더 낮게 평가하는 것은 아니다.

주요 표현 외워 말하기 | 한국어 표현을 보고, 해당하는 영어 표현을 입으로 말해보세요.

❶ 크기에 대해 걱정할 필요는 없다.
❷ 우리가 꼭 그 남자를 존경하는 것은 아니다.
❸ 우리는 그를 가치 있게 여긴다.

❶ 크기에 대해 걱정할 필요는 없다. There is no need to worry about size.
❷ 우리가 꼭 그 남자를 존경하는 것은 아니다. We do not necessarily respect the man.
❸ 우리는 그를 가치 있게 여긴다. We value him.

함께 읽기 버트란드 러셀(Bertrand Russel)은 영국의 수학자, 철학자, 수리논리학자, 역사가, 사회비평가로 20세기를 대표하는 천재이자 지성인으로 꼽힌다. 저서로 《수리철학 서설》, 《정신의 분석》, 《서양철학사》, 《권력》 등이 있다. 본문은 그의 가장 유명한 말 중 하나로 '정신의 우주를 확장하기(Expanding Mental Universe)'라는 제목의 인터뷰 기사에 실렸다.

Explore Dream Discover
탐험하라 꿈꾸라 발견하라

- H. Jackson Brown (해리엇 잭슨 브라운: 그의 책 《P.S. I Love You》 중)

| Step ❶ **preview** | Step ❷ sentence | Step ❸ paragraph | Step ❹ exercise |

내용 미리보기 | 오늘 배울 내용입니다. 눈으로 한번 훑어보세요.

Twenty years from now you will be more disappointed by the things that you didn't do than by the ones you did do. So throw off the bowlines. Sail away from the safe harbor. Catch the trade winds in your sails. Explore. Dream. Discover.

| Step ❶ preview | Step ❷ **sentence** | Step ❸ paragraph | Step ❹ exercise |

한 문장씩 따라 말하기 | MP3 음원을 들으면서 한 문장[구]씩 따라 말해보세요.

❶ Twenty years from now you will be more disappointed /

❷ by the things that you didn't do /

❸ than by the ones you did do.

❹ So throw off the bowlines.

❺ Sail away from the safe harbor.

❻ Catch the trade winds in your sails.

❼ Explore. Dream. Discover.

❶ 지금부터 20년 후 당신은 더 실망하게 될 것이다.

❷ 하지 않은 일들 때문에

❸ 한 일들보다는.

❹ 그러니 배를 묶는 줄을 버려라.

❺ 안전한 항구에서 배를 몰고 나와라.

❻ 돛에 무역풍을 담아라.

❼ 탐험하라. 꿈꾸라. 발견하라.

---

twenty years from now 지금부터 20년 후   disappointed 실망한   throw off 떨쳐버리다
bowline 보라인(돛을 뱃머리 쪽에 매는 밧줄)   trade winds 무역풍   sail 돛   explore 탐험하다

전체 문단 따라 말하기 | MP3 음원을 들으면서 동시에 전체 문단을 따라 말해보세요.

Twenty years from now you will be more disappointed by the things that you didn't do than by the ones you did do. So throw off the bowlines. Sail away from the safe harbor. Catch the trade winds in your sails. Explore. Dream. Discover.

지금부터 20년 후 당신은 한 일들보다는 하지 않은 일들 때문에 더 실망하게 될 것이다. 그러니 배가 묶인 줄을 풀어 던져라. 안전한 항구를 떠나 항해하라. 돛에 무역풍을 담아라. 탐험하라. 꿈꾸라. 발견하라.

주요 표현 외워 말하기 | 한국어 표현을 보고, 해당하는 영어 표현을 입으로 말해보세요.

❶ 당신은 더 실망하게 될 것이다.
❷ 안전한 항구에서 배를 몰고 나와라.
❸ 탐험하라. 꿈꾸라. 발견하라.

❶ 당신은 더 실망하게 될 것이다. You will be more disappointed.
❷ 안전한 항구에서 배를 몰고 나와라. Sail away from the safe harbor.
❸ 탐험하라. 꿈꾸라. 발견하라. Explore. Dream. Discover.

**함께
읽기**

해리엇 잭슨 브라운 주니어(Harriett Jackson Brown, Jr.)는 미국의 작가로 〈뉴욕타임스〉 베스트셀러 목록에 오른 《삶의 작은 교훈서(Life's Little Instruction Book)》로 유명하다. 《P.S. I Love You》는 1990년 출간된 그의 책이다. 이 말은 마크 트웨인이 남긴 말로 잘못 알려져 있기도 하다.

Love is friendship
사랑은 우정이다

- *Ann Landers* (앤 랜더스: 《Chicken Soup for the Romantic Soul》중)

| Step ❶ preview | Step ❷ sentence | Step ❸ paragraph | Step ❹ exercise |

내용 미리보기 | 오늘 배울 내용입니다. 눈으로 한번 훑어보세요.

Love is friendship that has caught fire. It is quiet understanding, mutual confidence, sharing and forgiving. It is loyalty through good and bad times. It settles for less than perfection and makes allowances for human weaknesses.

| Step ❶ preview | Step ❷ sentence | Step ❸ paragraph | Step ❹ exercise |

한 문장씩 따라 말하기 | MP3 음원을 들으면서 한 문장[구]씩 따라 말해보세요.

❶ Love is friendship that has caught fire.
❷ It is quiet understanding, mutual confidence, sharing and forgiving.
❸ It is loyalty through good and bad times.
❹ It settles for less than perfection and makes allowance for human weakness.

---

❶ 사랑은 불붙은 우정이다.
❷ 사랑은 고요한 이해이고, 상호 신뢰이며, 나누고 용서하는 것이다.
❸ 사랑은 좋은 시절과 나쁜 시절을 견디는 충성심이다.
❹ 사랑은 완전하지 못해도 만족하며, 인간의 약점을 용납한다.

---

catch fire 불붙다 mutual 상호의 confidence 자신감, 신뢰 loyalty 충성 settle for ~을 (마지못해) 승낙하다,
~으로 만족하다 perfection 완벽, 완전 make allowance for ~을 양해하다 weakness 약점

전체 문단 따라 말하기 | MP3 음원을 들으면서 동시에 전체 문단을 따라 말해보세요.

Love is friendship that has caught fire. It is quiet understanding, mutual confidence, sharing and forgiving. It is loyalty through good and bad times. It settles for less than perfection and makes allowances for human weaknesses.

사랑은 불붙은 우정이다. 사랑은 고요한 이해이고, 서로 간의 믿음이며, 나누고 용서하는 것이다. 사랑은 좋은 시절과 나쁜 시절을 거쳐온 충성심이다. 사랑은 완벽하지 않아도 만족하며, 인간의 약점을 용납한다.

주요 표현 외워 말하기 | 한국어 표현을 보고, 해당하는 영어 표현을 입으로 말해보세요.

❶ 사랑은 우정이다.
❷ 우리는 좋은 시절과 나쁜 시절을 견디고 서로를 사랑한다.
❸ 그의 약점을 용납하라.

---

❶ 사랑은 우정이다. Love is friendship.
❷ 우리는 좋은 시절과 나쁜 시절을 견디고 서로를 사랑한다.
　 We love each other through good and bad times.
❸ 그의 약점을 용납하라. Make allowances for his weakness.

함께 읽기

앤 랜더스(Ann Landers)는 〈시카고-선타임즈〉 상담 칼럼의 펜네임이다. 루스 크로울리(Ruth Crowley)가 쓰기 시작해서 에스더 폴린(Esther Pauline)이 넘겨받아 근 56년 동안 계속됐다. 전국적인 인기 덕에 허구의 인물임에도 불구하고 문화 아이콘의 하나로 자리 잡았다. 본문은 《Chicken Soup for the Romantic Soul》에 실렸던 글의 편집된 버전이다. 원문에서는 infatuation(홀딱 반하는 열광적인 사랑)과 love를 번갈아가며 비교하고 있다.

You don't change at all
사람은 결코 변하지 않는다

- *Doris Lessing* (도리스 레싱: 1992년 〈선데이타임즈〉 인터뷰 중)

| Step ❶ preview | Step ❷ sentence | Step ❸ paragraph | Step ❹ exercise |

내용 미리보기 | 오늘 배울 내용입니다. 눈으로 한번 훑어보세요.

The great secret that all old people share is that you really haven't changed in seventy or eighty years. Your body changes, but you don't change at all. And that, of course, causes great confusion.

| Step ❶ preview | Step ❷ sentence | Step ❸ paragraph | Step ❹ exercise |

한 문장씩 따라 말하기 | MP3 음원을 들으면서 한 문장[구]씩 따라 말해보세요.

❶ The great secret that all old people share is /
❷ that you really haven't changed in seventy or eighty years.
❸ Your body changes, but you don't change at all.
❹ And that, of course, causes great confusion.

❶ 모든 노인들이 공유하는 큰 비밀은
❷ 70년 혹은 80년이 지나도 사람은 사실 변하지 않는다는 것이다.
❸ 몸은 변하지만 사람은 결코 변하지 않는다.
❹ 그리고 물론 그것은 엄청난 혼란을 불러온다.

secret 비밀 share 나누다, 공유하다 cause 야기하다 confusion 혼란

전체 문단 따라 말하기 | MP3 음원을 들으면서 동시에 전체 문단을 따라 말해보세요.

The great secret that all old people share is that you really haven't changed in seventy or eighty years. Your body changes, but you don't change at all. And that, of course, causes great confusion.

모든 노인들이 공유하는 큰 비밀은 70년 혹은 80년이 지나도 사람은 사실 변하지 않는다는 것이다. 몸은 변하지만 사람은 전혀 변하지 않는다. 그리고 물론 그것은 엄청난 혼란을 불러온다.

주요 표현 외워 말하기 | 한국어 표현을 보고, 해당하는 영어 표현을 입으로 말해보세요.

❶ 우리는 한 가지 비밀을 공유하고 있다.
❷ 당신은 결코 변하지 않는다.
❸ 그것은 엄청난 혼란을 불러온다.

❶ 우리는 한 가지 비밀을 공유하고 있다. We share a secret.
❷ 당신은 결코 변하지 않는다. You don't change at all.
❸ 그것은 엄청난 혼란을 불러온다. That causes great confusion.

함께 읽기

도리스 레싱(Doris Lessing)은 이란에서 태어나 아프리카에서 자란 영국의 작가이다. 식민지에서 영국인들이 겪은 메마른 삶과 아프리카 사람들에 대한 연민 어린 시선을 작품에 담았다. 대표작으로 《풀잎의 노래》가 있으며, 2007년 노벨문학상을 수상했다. 본문에서 you는 일반적인 사람 전체를 일컫는 you의 용법으로, '당신'이라고 해석하면 굉장히 어색하다. 이 용법의 느낌을 알기 위해서는 다른 텍스트에 나오는 같은 사례를 많이 접해 보는 것이 좋다.

A squad is like a good meal
스포츠 팀은 한 끼의 훌륭한 식사와 같다

- Brendan Rodgers (브랜든 로저스: 2015년 영국 〈미러〉 지에 소개된 그의 명언 중 하나)

| Step ❶ **preview** | Step ❷ sentence | Step ❸ paragraph | Step ❹ exercise |

내용 미리보기 | 오늘 배울 내용입니다. 눈으로 한번 훑어보세요.

I always say a squad is like a good meal. I'm not a great cook, but a good meal takes a wee bit of time. But also, to offer a good meal, you need good ingredients.

| Step ❶ preview | Step ❷ **sentence** | Step ❸ paragraph | Step ❹ exercise |

한 문장씩 따라 말하기 | MP3 음원을 들으면서 한 문장[구]씩 따라 말해보세요.

❶ I always say a squad is like a good meal.
❷ I'm not a great cook,
❸ but a good meal takes a wee bit of time.
❹ But also, to offer a good meal, you need good ingredients.

❶ 나는 늘 스포츠 팀은 훌륭한 한 끼 식사와 같다고 말한다.
❷ 나는 뛰어난 요리사는 아니다.
❸ 하지만 훌륭한 식사에는 약간의 시간이 필요하다.
❹ 그러나 또한 훌륭한 식사를 제공하려면 훌륭한 재료도 필요하다.

---

squad 스포츠 팀, 선수단   meal 식사   cook 요리사   wee bit 아주 조금   offer 제공하다   ingredient 재료

전체 문단 따라 말하기 | MP3 음원을 들으면서 동시에 전체 문단을 따라 말해보세요.

I always say a squad is like a good meal. I'm not a great cook, but a good meal takes a wee bit of time. But also, to offer a good meal, you need good ingredients.

나는 늘 스포츠 팀은 훌륭한 한 끼의 식사와 같다고 말한다. 나는 뛰어난 요리사는 아니지만 훌륭한 식사에는 약간의 시간이 필요하다. 그러나 또한 훌륭한 식사를 제공하려면 훌륭한 재료도 필요하다.

주요 표현 외워 말하기 | 한국어 표현을 보고, 해당하는 영어 표현을 입으로 말해보세요.

❶ 스포츠 팀은 훌륭한 식사와 같다.
❷ 나는 뛰어난 요리사가 아니다.
❸ 훌륭한 식사에는 약간의 시간이 필요하다.

❶ 스포츠 팀은 훌륭한 식사와 같다. A squad is like a good meal.
❷ 나는 뛰어난 요리사가 아니다. I'm not a great cook.
❸ 훌륭한 식사에는 약간의 시간이 필요하다. A good meal takes a wee bit of time.

함께 읽기

브랜든 로저스(Brendan Rodgers)는 북아일랜드 출신의 축구 감독이다. 2008년 왓포드를 시작으로 레딩, 스완지 시티의 감독을 역임하며 스완지시티를 1부 리그로 승격시키는 데 혁혁한 공을 세웠다. 2015년까지 리버풀 감독을 지냈으며, 지금은 레스터 시티의 감독으로 있다. 본문처럼 그는 축구의 팀플레이를 훌륭한 요리에 비유했다. squad는 team의 동의어로, 군대의 분대를 일컫는 표현에서 비롯되었다.

Fashion is everywhere
패션은 어디에나 있다

- Coco Chanel (코코 샤넬: 1991년 악셀 매드슨이 집필한 그녀의 전기 《A Woman of Her Own》 중)

| Step ❶ **preview** | Step ❷ sentence | Step ❸ paragraph | Step ❹ exercise |

내용 미리보기 | 오늘 배울 내용입니다. 눈으로 한번 훑어보세요.

Fashion is not something that exists in dresses only. Fashion is in the sky, in the street. Fashion has to do with ideas, the way we live, what is happening.

| Step ❶ preview | Step ❷ **sentence** | Step ❸ paragraph | Step ❹ exercise |

한 문장씩 따라 말하기 | MP3 음원을 들으면서 한 문장[구]씩 따라 말해보세요.

❶ Fashion is not something that exists in dresses only.
❷ Fashion is in the sky, in the street.
❸ Fashion has to do with ideas, the way we live, what is happening.

-----

❶ 패션은 옷에만 존재하는 것이 아니다.
❷ 패션은 하늘에 있고, 거리에도 있다.
❸ 패션은 생각들, 우리가 사는 방식, 현재 일어나고 있는 일과 관계가 있다.

-----

fashion 패션, 유행 exist 존재하다 have to do with ~와 관계가 있다 happen 벌어지다, 일어나다

전체 문단 따라 말하기 | MP3 음원을 들으면서 동시에 전체 문단을 따라 말해보세요.

Fashion is not something that exists in dresses only. Fashion is in the sky, in the street. Fashion has to do with ideas, the way we live, what is happening.

패션은 옷에만 존재하는 것이 아니다. 패션은 하늘에도 있고, 거리에도 있다. 패션은 생각들, 우리가 사는 방식, 현재 일어나고 있는 일과 관계가 있다.

주요 표현 외워 말하기 | 한국어 표현을 보고, 해당하는 영어 표현을 입으로 말해보세요.

❶ 패션은 옷에만 존재하는 것이 아니다.
❷ 패션은 거리에 있다.
❸ 패션은 생각들과 관계가 있다.

❶ 패션은 옷에만 존재하는 것이 아니다. Fashion doesn't exist in dresses only.
❷ 패션은 거리에 있다. Fashion is in the street.
❸ 패션은 생각들과 관계가 있다. Fashion has to do with ideas.

함께 읽기

20세기 여성 패션의 혁신을 선도한 프랑스의 패션 디자이너 코코 샤넬(Coco Chanel). 전 세계적인 브랜드 샤넬을 만든 주인공으로, 코르셋에 얽매인 패션으로부터 여성들을 해방시켰다. 의상뿐 아니라 보석, 핸드백, 향수 사업으로도 성공을 거둔 그녀를 〈타임〉지는 20세기를 대표하는 인물 중 한 명으로 선정했다. 본문의 what is happening 앞에는 and를 쓰는 것이 문법적으로 맞으나 명사의 말을 그대로 인용하다 보면 때로 문법이 틀린 대로 통용되기도 한다.

A person of the moment
지금 이 순간의 사람

- Maya Angelou (마야 안젤루: 그녀의 명언 모음집 《The Very Best of Maya Angelou》 중)

| Step ❶ **preview** | Step ❷ sentence | Step ❸ paragraph | Step ❹ exercise |

내용 미리보기 | 오늘 배울 내용입니다. 눈으로 한번 훑어보세요.

I have great respect for the past. If you don't know where you've come from, you don't know where you're going. I have respect for the past, but I'm a person of the moment. I'm here, and I do my best to be completely centered at the place I'm at, then I go forward to the next place.

| Step ❶ preview | Step ❷ **sentence** | Step ❸ paragraph | Step ❹ exercise |

한 문장씩 따라 말하기 | MP3 음원을 들으면서 한 문장[구]씩 따라 말해보세요.

❶ I have great respect for the past.

❷ If you don't know where you've come from, you don't know where you're going.

❸ I have respect for the past, but I'm

a person of the moment.

❹ I'm here, and I do my best to be completely centered at the place I'm at,

❺ then I go forward to the next place.

---

❶ 나는 과거에 대해 상당한 존경을 품고 있다.

❷ 어디서 왔는지를 모른다면 어디로 가는지도 모르는 것이다.

❸ 나는 과거를 존중하지만, 나는 지금

이 순간의 사람이다.

❹ 나는 여기에 있고, 지금 내가 있는 곳에 온전히 집중하기 위해 최선을 다한다.

❺ 그런 다음에 나는 다음 장소를 향해 간다.

---

respect 존경, 존중 of the moment 순간의, 현재의 do one's best 최선을 다하다 completely 온전히
centered 중심으로 한 forward 앞으로

전체 문단 따라 말하기 | MP3 음원을 들으면서 동시에 전체 문단을 따라 말해보세요.

I have great respect for the past. If you don't know where you've come from, you don't know where you're going. I have respect for the past, but I'm a person of the moment. I'm here, and I do my best to be completely centered at the place I'm at, then I go forward to the next place.

나는 과거를 매우 존중한다. 어디서 왔는지를 모른다면 어디로 가는지도 모르는 것이다. 나는 과거를 존중하지만 지금 이 순간의 사람이다. 나는 여기에 있고, 지금 내가 있는 곳에 온전히 집중하기 위해 최선을 다한다. 그런 다음에 나는 다음 장소를 향해 간다.

주요 표현 외워 말하기 | 한국어 표현을 보고, 해당하는 영어 표현을 입으로 말해보세요.

❶ 나는 과거를 매우 존중한다.
❷ 나는 지금 이 순간의 사람이다.
❸ 나는 최선을 다한다.

❶ 나는 과거를 매우 존중한다. I have great respect for the past.
❷ 나는 지금 이 순간의 사람이다. I'm a person of the moment.
❸ 나는 최선을 다한다. I do my best.

함께 읽기

마야 안젤루(Maya Angelou)는 미국의 작가이자 시인, 인권운동가이다. 대표작 《새장에 갇힌 새가 왜 노래하는지 나는 아네》를 비롯해 많은 작품을 집필했으며, 마틴 루터 킹·말콤 엑스와 함께 인권운동을 했다. 본문의 be centered at은 '어디에 중심을 두고 있다'라는 의미로, '집중하다'라고 해석한 것은 의역이다.

Aim high
목표는 높게

- *Hillary Clinton* (힐러리 클린턴: 2008년 대통령 경선 연설 중)

| Step ❶ **preview** | Step ❷ sentence | Step ❸ paragraph | Step ❹ exercise |

내용 미리보기 | 오늘 배울 내용입니다. 눈으로 한번 훑어보세요.

Always aim high, work hard, and care deeply about what you believe in. And, when you stumble, keep faith. And, when you're knocked down, get right back up and never listen to anyone who says you can't or shouldn't go on.

| Step ❶ preview | Step ❷ **sentence** | Step ❸ paragraph | Step ❹ exercise |

한 문장씩 따라 말하기 | MP3 음원을 들으면서 한 문장[구]씩 따라 말해보세요.

❶ Always aim high, work hard,
❷ and care deeply about what you believe in.
❸ And, when you stumble, keep faith.
❹ And, when you're knocked down, get right back up /
❺ and never listen to anyone who says you can't or shouldn't go on.

❶ 늘 목표를 높이 잡고 열심히 일하라,
❷ 그리고 믿는 바에 깊은 정성을 기울여라.
❸ 발을 헛디딜 때에는 신념을 지켜라.
❹ 맞아 쓰러질 때에는 바로 다시 일어나라.
❺ 그리고 당신이 계속할 수 없다고 혹은 계속해서는 안 된다고 말하는 이에게 절대 귀를 기울이지 마라.

aim 목표하다 care 신경 쓰다, 정성을 기울이다 stumble 발을 헛디디다 knock down 때려눕히다
get up 일어나다 go on 계속하다

전체 문단 따라 말하기 | MP3 음원을 들으면서 동시에 전체 문단을 따라 말해보세요.

Always aim high, work hard, and care deeply about what you believe in. And, when you stumble, keep faith. And, when you're knocked down, get right back up and never listen to anyone who says you can't or shouldn't go on.

늘 목표를 높이 잡고 열심히 노력하라. 그리고 믿는 바에 깊은 정성을 기울여라. 발을 헛디디더라도 신념을 지켜라. 맞아 쓰러질지라도 바로 다시 일어나라. 그리고 당신이 계속할 수 없다고 혹은 계속해서는 안 된다고 말하는 이에게 절대 귀를 기울이지 마라.

주요 표현 외워 말하기 | 한국어 표현을 보고, 해당하는 영어 표현을 입으로 말해보세요.

❶ 당신이 믿는 바에 정성을 기울여라.
❷ 신념을 지켜라.
❸ 바로 다시 일어나라.

❶ 당신이 믿는 바에 정성을 기울여라. Care about what you believe in.
❷ 신념을 지켜라. Keep faith.
❸ 바로 다시 일어나라. Get right back up.

함께 읽기

힐러리 클린턴(Hillary Clinton)은 빌 클린턴 42대 미국 대통령의 영부인으로, 역대 가장 영향력 있는 퍼스트레이디로 인정받고 있다. 백악관을 나온 뒤 2000년 뉴욕에서 연방 상원의원으로 당선되었으며, 2008년에는 민주당 대통령 후보로 버락 오바마와 경선을 벌였다. 오바마가 대통령으로 선출된 뒤에는 그의 행정부에서 국무장관을 맡아 2013년 2월까지 재임하였다. 2016년 두 번째로 대통령 경선에 나섰으나, 도날드 트럼프가 경선에 승리하며 대통령이 되었다. 본문은 2008년 대통령 경선 당시 힐러리가 했던 연설문의 일부이다.

Hire people who believe what you believe

당신이 믿는 바를 믿는 이들을 고용하라

- Simon Sinek (사이먼 사이넥: 2009년 TED 강연 중)

| Step ❶ **preview** | Step ❷ sentence | Step ❸ paragraph | Step ❹ exercise |

내용 미리보기 | 오늘 배울 내용입니다. 눈으로 한번 훑어보세요.

If you hire people just because they can do a job, they'll work for your money. But if you hire people who believe what you believe, they'll work for you with blood and sweat and tears.

| Step ❶ preview | Step ❷ **sentence** | Step ❸ paragraph | Step ❹ exercise |

한 문장씩 따라 말하기 | MP3 음원을 들으면서 한 문장[구]씩 따라 말해보세요.

❶ If you hire people just because they can do a job,
❷ they'll work for your money.
❸ But if you hire people who believe what you believe,
❹ they'll work for you with blood and sweat and tears.

- -

❶ 단지 어떤 일을 할 수 있다는 이유로 사람을 고용한다면,
❷ 그들은 당신의 돈을 위해 일할 것이다.
❸ 그러나 당신이 믿는 바를 믿는 이들을 고용한다면,
❹ 그들은 피와 땀과 눈물을 들여 당신을 위해 일할 것이다.

hire 고용하다 blood 피 sweat 땀 tear 눈물

전체 문단 따라 말하기 | MP3 음원을 들으면서 동시에 전체 문단을 따라 말해보세요.

If you hire people just because they can do a job, they'll work for your money. But if you hire people who believe what you believe, they'll work for you with blood and sweat and tears.

단지 어떤 일을 할 수 있다는 이유로 사람을 고용한다면, 그들은 당신의 돈을 위해 일할 것이다. 그러나 당신이 믿는 바를 믿는 이들을 고용한다면, 그들은 피와 땀과 눈물을 바쳐 당신을 위해 일할 것이다.

주요 표현 외워 말하기 | 한국어 표현을 보고, 해당하는 영어 표현을 입으로 말해보세요.

❶ 단지 어떤 일을 할 수 있다는 이유로 사람을 고용하지 마라.
❷ 그들은 당신의 돈을 위해 일할 것이다.
❸ 당신이 믿는 바를 믿는 사람들을 고용하라.

❶ 단지 어떤 일을 할 수 있다는 이유로 사람을 고용하지 마라.
Don't hire people just because they can do a job.

❷ 그들은 당신의 돈을 위해 일할 것이다. They'll work for your money.

❸ 당신이 믿는 바를 믿는 사람들을 고용하라. Hire people who believe what you believe.

함께
읽기

사이먼 사이넥(Simon Sinek)은 미국의 작가이자 전략 커뮤니케이션 전문가이다. '왜?'라는 질문과 골든 서클이라는 개념 모형을 이용한 아마존 최장기 베스트셀러 《나는 왜 이 일을 하는가?》와 〈위대한 리더들이 행동을 이끌어내는 법〉이라는 TED 강연으로 유명하다. 본문의 work for는 '~을 위해 일하다'라는 뜻이다. 어느 회사를 다니느냐고 물을 때는 "Who are you working for?"라고 하면 된다.

Day 023

Life is being lived there
거기에서 인생이 이루어지고 있다

- Ze Frank (제 프랭크: 2010년 TED 강연 〈My Web Playroom〉 중)

| Step ❶ **preview** | Step ❷ sentence | Step ❸ paragraph | Step ❹ exercise |

내용 미리보기 | 오늘 배울 내용입니다. 눈으로 한번 훑어보세요.

On street corners everywhere, people are looking at their cell phones, and it's easy to dismiss this as some sort of bad trend in human culture. But the truth is life is being lived there.

| Step ❶ preview | Step ❷ **sentence** | Step ❸ paragraph | Step ❹ exercise |

한 문장씩 따라 말하기 | MP3 음원을 들으면서 한 문장[구]씩 따라 말해보세요.

❶ On street corners everywhere, people are looking at their cell phones,
❷ and it's easy to dismiss this as some sort of bad trend in human culture.
❸ But the truth is life is being lived there.

---

❶ 어느 길 모퉁이를 가도 사람들은 휴대폰을 보고 있다.
❷ 이것을 인류 문화에 있어서 일종의 나쁜 경향이라고 치부하기는 쉽다.
❸ 그러나 진실은 거기에서 인생이 이루어지고 있다는 것이다.

---

street corner 길모퉁이   cell phone 휴대폰   dismiss 치부하다   trend 경향

전체 문단 따라 말하기 | MP3 음원을 들으면서 동시에 전체 문단을 따라 말해보세요.

On street corners everywhere, people are looking at their cell phones, and it's easy to dismiss this as some sort of bad trend in human culture. But the truth is life is being lived there.

어느 길 모퉁이를 가든 사람들이 휴대폰을 보고 있고, 이것을 인류 문화에 있어서 일종의 나쁜 경향 이라고 치부하기는 쉽다. 그러나 진실은 거기에서 인생이 이루어지고 있다는 것이다.

주요 표현 외워 말하기 | 한국어 표현을 보고, 해당하는 영어 표현을 입으로 말해보세요.

❶ 사람들이 휴대폰을 보고 있다.
❷ 이것을 나쁜 경향으로 치부하기는 쉽다.
❸ 인생이 이루어지고 있다.

---

❶ 사람들이 휴대폰을 보고 있다. People are looking at their cell phones.
❷ 이것을 나쁜 경향으로 치부하기는 쉽다. It is easy to dismiss this as a bad trend.
❸ 인생이 이루어지고 있다. Life is being lived.

함께
읽기

제 프랭크(Ze Frank)는 미국의 온라인 퍼포먼스 예술가이자 작곡가, 대중 연 설가이다. 2001년에 온라인 생일 초대장을 만들어 친한 친구들에게 카드를 보 낸 것이 수백만의 인터넷 트래픽을 불러 모으면서 애니메이션, 플래시 등의 프 로젝트로 커졌고, 최고의 개인 웹사이트 상을 수상하기도 했다. 본문 중 Life is being lived는 현재진행 수동으로, 직역하면 '삶이 살아지고 있는 중'이라는 뜻 이다.

There are no limits
한계는 없다

- Bruce Lee (브루스 리: 《Telling It Like It Is》 중)

내용 미리보기 | 오늘 배울 내용입니다. 눈으로 한번 훑어보세요.

If you always put limits on everything you do, physical or anything else, it will spread into your work and into your life. There are no limits. There are only plateaus, and you must not stay there, you must go beyond them.

한 문장씩 따라 말하기 | MP3 음원을 들으면서 한 문장[구]씩 따라 말해보세요.

❶ If you always put limits on everything you do, physical or anything else,

❷ it will spread into your work and into your life.

❸ There are no limits.

❹ There are only plateaus,

❺ and you must not stay there, you must go beyond them.

❶ 신체적인 것이든 다른 어떤 것이든, 하는 일 모두에 늘 한계를 둔다면

❷ 그것은 당신의 일과 삶에 퍼져 들어갈 것이다.

❸ 한계는 없다.

❹ 정체기만 있을 뿐

❺ 거기에 머물러서는 안 된다, 그곳을 넘어서야 한다.

---

limit 한계 physical 신체적인, 신체의 spread 퍼지다 plateau 고원, 안정기, 정체기

전체 문단 따라 말하기 | MP3 음원을 들으면서 동시에 전체 문단을 따라 말해보세요.

If you always put limits on everything you do, physical or anything else, it will spread into your work and into your life. There are no limits. There are only plateaus, and you must not stay there, you must go beyond them.

신체적인 것이든 다른 어떤 것이든, 하는 일 모두에 늘 한계를 둔다면, 그것은 당신의 일과 삶에 퍼져 들어갈 것이다. 한계는 없다. 정체기만 있을 뿐이다. 그곳에 머물러서는 안 된다. 그곳을 넘어서야 한다.

주요 표현 외워 말하기 | 한국어 표현을 보고, 해당하는 영어 표현을 입으로 말해보세요.

❶ 당신은 하는 일 모두에 늘 한계를 둔다.
❷ 그것은 당신의 일에 퍼져 들어가게 된다
❸ 한계란 없다.

❶ 당신은 하는 일 모두에 늘 한계를 둔다. You always put limits on everything you do.
❷ 그것은 당신의 일에 퍼져 들어가게 된다. It will spread into your work.
❸ 한계란 없다. There are no limits.

함께 읽기

이소룡(李小龍)으로 유명한 브루스 리(Bruce Lee)는 미국 샌프란시스코에서 태어난 중국계 미국인으로 액션 배우이자 무술인이다. 절권도의 창시자이기도 한 그는 〈용쟁호투〉, 〈정무문〉 등의 무술 영화에 출연해 세계적인 명성을 얻었으며, 할리우드에서 성공한 최초의 동양계 배우로 인정받고 있다. 32세의 나이에 뇌부종 후유증으로 인한 진통제 과다 섭취로 사망했다. 본문 중 plateau은 산 위의 평평한 지역, 즉 고원을 의미한다. 산을 오르다 고원에 이르면 편하기는 하지만 거기가 목적지이거나 끝은 아니다. 고원을 지나 더 위로 올라가야 (go beyond) 한다.

Impossible to live without failing
실패 없는 삶은 불가능

- *Joanne Rowling* (조앤 롤링: 2008년 하버드대학교 졸업 연설 중)

| Step ❶ preview | Step ❷ sentence | Step ❸ paragraph | Step ❹ exercise |

내용 미리보기 | 오늘 배울 내용입니다. 눈으로 한번 훑어보세요.

It is impossible to live without failing at something, unless you live so cautiously that you might as well not have lived at all – in which case, you fail by default.

| Step ❶ preview | Step ❷ sentence | Step ❸ paragraph | Step ❹ exercise |

한 문장씩 따라 말하기 | MP3 음원을 들으면서 한 문장[구]씩 따라 말해보세요.

❶ It is impossible to live without failing at something,

❷ unless you live so cautiously /

❸ that you might as well not have lived at all –

❹ in which case, you fail by default.

- -

❶ 어떤 일에서든 실패해보지 않고 산다는 것은 불가능하다,

❷ 너무도 조심스럽게 살다 못해

❸ 아예 살아보지 않는 편이 더 나은 게 아니라면.

❹ 그런데 그런 경우에는 애당초 실패한 것이다.

---

impossible 불가능한 fail 실패하다 cautiously 조심스럽게 might as well not ~하지 않는 게 낫다
by default 달리 손을 쓰지 않아도, 자동적으로, 애당초

전체 문단 따라 말하기 | MP3 음원을 들으면서 동시에 전체 문단을 따라 말해보세요.

It is impossible to live without failing at something, unless you live so cautiously that you might as well not have lived at all – in which case, you fail by default.

어떤 일에서든 실패해보지 않고 산다는 것은 불가능하다. 너무도 조심스럽게 살다 못해 아예 살아보지 않는 편이 더 나은 게 아니라면 말이다. 그런데 그런 경우라면 애당초 실패한 것이다.

주요 표현 외워 말하기 | 한국어 표현을 보고, 해당하는 영어 표현을 입으로 말해보세요.

❶ 실패하지 않고 사는 것은 불가능하다.
❷ 당신은 살아보지 않는 게 나았을 텐데.
❸ 당신은 애당초 실패한 것이다.

❶ 실패하지 않고 사는 것은 불가능하다. It is impossible to live without failing.
❷ 당신은 살아보지 않는 게 나았을 텐데. You might as well not have lived.
❸ 당신은 애당초 실패한 것이다. You fail by default.

함께 읽기

전 세계적으로 4백만 부 이상의 판매를 기록한 베스트셀러 《해리 포터》 시리즈를 쓴 영국의 작가 조앤 롤링(Joanne Rowling)이 한 말이다. 이후 그녀는 동명의 작품으로 만들어진 영화 시리즈를 제작하기도 했다. 맨체스터발 런던행 연착 기차에서 처음 구상했다고 알려진 《해리 포터》 시리즈는 어머니의 죽음, 첫 아이의 죽음, 첫 번째 남편과의 이혼을 겪은 7년을 보내며 쓴 이 작품이다. 이 작품으로 조앤 롤링의 삶은 그야말로 완전히 바뀌었다. might as well은 '~하는 게 낫다'는 뜻으로, 본문에서는 뒤에 have lived가 붙어서 '과거에 하지 않으려 했던 게 더 낫다'는 의미가 된다.

하루 10분
명문 낭독 영어

Speaking 100

Day 026-050

02

Level

What you do makes a difference

당신이 하는 일이 변화를 가져온다

- Jane Goodall (제인 구달: 2014년 〈USA Today〉 기고문 중)

| Step ❶ **preview** | Step ❷ sentence | Step ❸ paragraph | Step ❹ exercise |

내용 미리보기 | 오늘 배울 내용입니다. 눈으로 한번 훑어보세요.

You cannot get through a single day without having an impact on the world around you. What you do makes a difference. Technology can help us all make a positive difference.

| Step ❶ preview | Step ❷ **sentence** | Step ❸ paragraph | Step ❹ exercise |

한 문장씩 따라 말하기 | MP3 음원을 들으면서 한 문장[구]씩 따라 말해보세요.

❶ You cannot get through a single day /
❷ without having an impact on the world around you.
❸ What you do makes a difference.
❹ Technology can help us all make a positive difference.

----

❶ 당신은 단 하루도 지나칠 수 없다.
❷ 주변 세계에 영향을 끼치지 않고서는.
❸ 당신이 하는 일은 변화를 가져온다.
❹ 기술은 우리 모두가 긍정적인 변화를 일으키는 데 도움이 될 수 있다.

----

get through 통과하다   have an impact on ~에 영향을 끼치다   make a difference 차이를 빚다

전체 문단 따라 말하기 | MP3 음원을 들으면서 동시에 전체 문단을 따라 말해보세요.

You cannot get through a single day without having an impact on the world around you. What you do makes a difference. Technology can help us all make a positive difference.

당신은 주변 세계에 영향을 끼치지 않고서는 단 하루도 보낼 수 없다. 당신이 무언가를 하면 그것이 변화를 가져온다. 기술은 우리 모두가 긍정적인 변화를 일으키는 데 도움이 될 수 있다.

주요 표현 외워 말하기 | 한국어 표현을 보고, 해당하는 영어 표현을 입으로 말해보세요.

❶ 당신은 하루도 지나칠 수 없다.
❷ 그것은 차이를 만든다.
❸ 당신은 어떤 종류의 차이를 만들고 싶은가?

❶ 당신은 하루도 지나칠 수 없다. You cannot get through a single day.
❷ 그것은 차이를 만든다. It makes a difference.
❸ 당신은 어떤 종류의 차이를 만들고 싶은가? What kind of difference do you want to make?

함께 읽기

제인 구달(Jane Goodall)은 영국의 동물학자이자 환경운동가이다. 인류학자 루이스 리키(Louis Leakey)에 고취되어 유인원 연구를 위해 현지로 떠난 세 명의 여성인 '리키의 세 여인(Leaky's three girls)' 중 한 명이다. 제인 구달이 침팬지를, 다이앤 포시가 고릴라를, 비루테 갈디카스가 오랑우탄을 연구했다. 제인 구달은 이 중 아프리카 곰베 지역의 침팬지 연구자로 세계적인 명성을 떨쳤고, 《희망의 밥상》이라는 저서를 쓰기도 했다. 본문의 make a difference는 '차이를 만들다'라는 뜻이지만 여기서는 '변화를 가져오다'라는 의미로 의역했다.

To boost bonding
유대감 북돋우기

- Kare Anderson (케어 앤더슨: 그의 책 《상호성이 중요하다(Mutuality Matters)》 중)

내용 미리보기 | 오늘 배울 내용입니다. 눈으로 한번 훑어보세요.

> **To boost bonding among others so they are more apt to work (or play) well together, ask them, when together, to do two powerfully simple things that can be done rather quickly.**

한 문장씩 따라 말하기 | MP3 음원을 들으면서 한 문장[구]씩 따라 말해보세요.

❶ **To boost bonding among others /**
❷ **so they are more apt to work (or play) well together,**
❸ **ask them, when together, to do two powerfully simple things /**
❹ **that can be done rather quickly.**

- -

❶ 사람들 사이에서 유대감을 북돋우려면
❷ 그래서 이들이 더욱 함께 잘 일하게 (혹은 놀게) 하고 싶다면,
❸ 그들이 함께 있을 때 그들에게 정말로 단순한 일 두 가지를 하라고 청하라.
❹ 그것도 다소 빨리 끝날 수 있는 일로 두 가지를.

---

boost 활성화하다, 증진시키다   bonding 유대(감)   be apt to V ~을 잘하다, ~하는 경향이 있다
powerfully 강력하게, 정말로

전체 문단 따라 말하기 | MP3 음원을 들으면서 동시에 전체 문단을 따라 말해보세요.

To boost bonding among others so they are more apt to work (or play) well together, ask them, when together, to do two powerfully simple things that can be done rather quickly.

사람들이 함께 일을 더 잘하도록 (혹은 더 잘 놀도록) 사람들 사이의 유대감을 북돋우려면 그들이 함께 있을 때 다소 빨리 끝날 수 있는 정말로 단순한 일 두 가지를 하라고 청하라.

주요 표현 외워 말하기 | 한국어 표현을 보고, 해당하는 영어 표현을 입으로 말해보세요.

❶ 유대감을 북돋우라.
❷ 그들은 함께 일을 잘하는 경향이 있다.
❸ 그들에게 두 가지 일을 해달라고 청하라

❶ 유대감을 북돋우라. Boost bonding.
❷ 그들은 함께 일을 잘하는 경향이 있다. They are apt to work well together.
❸ 그들에게 두 가지 일을 해달라고 청하라. Ask them to do two things.

함께 읽기

케어 앤더슨(Kare Anderson)은 미국의 작가로, 〈포브스〉와 〈허핑턴포스트〉 등에 글을 기고하는 칼럼니스트이다. TED에 출연하여 "기회 창조자가 되라 (Be an opportunity maker)"는 주제로 연설을 하기도 했다. 본문에서 when together는 when they are together에서 they are가 생략된 표현이다.

How you grow
성장하는 방식

- Marissa Mayer (마리사 메이어: 2012년 4월 CNN 인터뷰 중)

| Step ❶ **preview** | Step ❷ sentence | Step ❸ paragraph | Step ❹ exercise |

내용 미리보기 | 오늘 배울 내용입니다. 눈으로 한번 훑어보세요.

I always did something I was a little not ready to do. I think that's how you grow. When there's that moment of 'Wow, I'm not really sure I can do this,' and you push through those moments, that's when you have a breakthrough.

| Step ❶ preview | Step ❷ **sentence** | Step ❸ paragraph | Step ❹ exercise |

한 문장씩 따라 말하기 | MP3 음원을 들으면서 한 문장[구]씩 따라 말해보세요.

❶ I always did something I was a little not ready to do.
❷ I think that's how you grow.
❸ When there's that moment of 'Wow, I'm not really sure I can do this,'
❹ and you push through those moments,
❺ that's when you have a breakthrough

❶ 나는 늘 준비가 조금 안 된 상태로 무언가를 했다.
❷ 나는 그게 성장하는 방식이라고 생각한다.
❸ '와, 이 일을 할 수 있을지 잘 모르겠어' 하는 순간이 생기고
❹ 그 순간들을 끝까지 밀어붙여 지나오면,
❺ 그때 돌파구가 생긴다.

---

grow 성장하다   moment 순간   push through 끝까지 해내다   breakthrough 돌파구

전체 문단 따라 말하기 | MP3 음원을 들으면서 동시에 전체 문단을 따라 말해보세요.

I always did something I was a little not ready to do. I think that's how you grow. When there's that moment of 'Wow, I'm not really sure I can do this,' and you push through those moments, that's when you have a breakthrough.

나는 늘 준비가 조금 안 된 상태로 무언가를 했었다. 나는 그게 성장하는 방식이라고 생각한다. '와, 이 일을 할 수 있을지 잘 모르겠어' 하는 순간이 생기고, 그 순간들을 끝까지 밀어붙여 지나오면, 바로 그때 돌파구가 생긴다.

주요 표현 외워 말하기 | 한국어 표현을 보고, 해당하는 영어 표현을 입으로 말해보세요.

❶ 난 준비가 조금 안 되어 있었다.
❷ 내가 이 일을 할 수 있을지 잘 모르겠다.
❸ 그 순간들을 밀어붙여 끝까지 지나가라.

❶ 난 준비가 조금 안 되어 있었다. I was a little not ready.
❷ 내가 이 일을 할 수 있을지 잘 모르겠다. I'm not really sure I can do this.
❸ 그 순간들을 끝까지 밀어붙여라. Push through the moments.

함께 읽기

마리사 메이어(Marissa Mayer)는 스탠퍼드 대학을 졸업한 공학박사이자 기업 임원으로 구글의 임원과 대변인 및 야후의 CEO를 거쳐 2017년 인공지능 회사 루미랩스를 설립해 대표를 맡고 있다. 〈포춘〉 500 기업 중 최연소 CEO이기도 한 그녀는 2014년에는 세계에서 가장 영향력 있는 여성 기업인 16위에 이름을 올리기도 했다. 본문에서 push through는 '밀어붙여 통과하다'라는 의미로 쓰였다.

I just live with it
나는 그냥 그것과 더불어 살 뿐이다

- Bruce Springsteen (브루스 스프링스틴: 그의 인터뷰 모음집
《Talk About a Dream: The Essential Interviews with Bruce Springsteen》 중)

| Step ❶ **preview** | Step ❷ sentence | Step ❸ paragraph | Step ❹ exercise |

내용 미리보기 | 오늘 배울 내용입니다. 눈으로 한번 훑어보세요.

Adult life is dealing with an enormous amount of questions that don't have answers. So I let the mystery settle into my music. I don't deny anything, I don't advocate anything, I just live with it.

| Step ❶ preview | Step ❷ **sentence** | Step ❸ paragraph | Step ❹ exercise |

한 문장씩 따라 말하기 | MP3 음원을 들으면서 한 문장[구]씩 따라 말해보세요.

❶ **Adult life is dealing with an enormous amount of questions that don't have answers.**

❷ **So I let the mystery settle into my music.**

❸ **I don't deny anything,**

❹ **I don't advocate anything,**

❺ **I just live with it.**

---

❶ 어른의 삶은 답이 없는 어마어마한 양의 질문들에 대처하는 것이다.

❷ 그래서 난 그 신비가 내 음악 속에 자리 잡도록 한다.

❸ 난 어떤 것도 부인하지 않는다.

❹ 난 어떤 것도 옹호하지 않는다.

❺ 난 그냥 그것과 더불어 살 뿐이다.

---

deal with ~에 대처하다   enormous 거대한, 어마어마한   amount 양   settle into ~ 안에 자리잡다
deny 부인하다   advocate 옹호하다

전체 문단 따라 말하기 | MP3 음원을 들으면서 동시에 전체 문단을 따라 말해보세요.

Adult life is dealing with an enormous amount of questions that don't have answers. So I let the mystery settle into my music. I don't deny anything, I don't advocate anything, I just live with it.

어른의 삶은 답이 없는 어마어마한 양의 질문들에 대처하는 것이다. 그래서 난 그 신비가 내 음악 속에 자리 잡도록 한다. 난 어떤 것도 부인하지 않는다. 난 어떤 것도 옹호하지 않는다. 난 그냥 그것과 더불어 살 뿐이다.

주요 표현 외워 말하기 | 한국어 표현을 보고, 해당하는 영어 표현을 입으로 말해보세요.

❶ 어른의 삶은 어마어마한 양의 질문들에 대처하는 것이다.
❷ 난 어떤 것도 부인하지 않는다.
❸ 난 어떤 것도 옹호하지 않는다.

❶ 어른의 삶은 어마어마한 양의 질문들에 대처하는 것이다.
　 Adult life is dealing with an enormous amount of questions.
❷ 난 어떤 것도 부인하지 않는다. I don't deny anything.
❸ 난 어떤 것도 옹호하지 않는다. I don't advocate anything.

함께 읽기

브루스 스프링스틴(Bruce Springsteen)은 미국의 싱어송라이터로 '보스'라는 별명으로 불린다. 그래미상 20회, 골든글로브상 2회 수상 이력을 가지고 있다. 개인주의에 물든 도시의 욕망과 좌절을 그린 노래들로 널리 사랑받고 있는 그는 '가장 미국적인 로커'로 일컬어진다. 본문에서 settle은 '정착하다', '자리 잡다'의 뜻으로, 여기서는 '미스터리가 음악 속으로 들어와 자리를 잡았다'의 의미로 쓰였다.

Guarding your heart
당신의 마음을 지키는 것

- *Taylor Swift* (테일러 스위프트: 2014년 〈Glamour〉 지와의 인터뷰 중)

| Step ❶ preview | Step ❷ sentence | Step ❸ paragraph | Step ❹ exercise |

내용 미리보기 | 오늘 배울 내용입니다. 눈으로 한번 훑어보세요.

Guarding your heart and protecting your dignity are a little bit more important than clarifying the emotions of someone who's only texting you back three words. I've learned that from trying to figure out people who don't deserve to be figured out.

| Step ❶ preview | Step ❷ **sentence** | Step ❸ paragraph | Step ❹ exercise |

한 문장씩 따라 말하기 | MP3 음원을 들으면서 한 문장[구]씩 따라 말해보세요.

❶ Guarding your heart and protecting your dignity are a little bit more important /
❷ than clarifying the emotions of someone who's only texting you back three words.
❸ I've learned that from trying to figure out people /
❹ who don't deserve to be figured out.

- - - - - - - -

❶ 마음을 지키고 존엄성을 보호하는 것이 조금 더 중요하다.
❷ 답문자를 고작 세 단어로 해주는 사람의 감정을 분명히 아는 것보다.
❸ 나는 사람들을 헤아리다가 이걸 알게 되었다.
❹ 헤아려줄 가치가 없는 사람들을.

---

guard 지키다 protect 보호하다 dignity 존엄성 clarify 명확하게 하다, 분명히 알다
text 문자를 보내다(= text message) figure out 헤아려내다

전체 문단 따라 말하기 | MP3 음원을 들으면서 동시에 전체 문단을 따라 말해보세요.

Guarding your heart and protecting your dignity are a little bit more important than clarifying the emotions of someone who's only texting you back three words. I've learned that from trying to figure out people who don't deserve to be figured out.

마음을 지키고 존엄성을 보호한다는 건 고작 세 단어로 답문자를 해주는 사람의 감정을 분명히 아는 것보다 조금 더 중요하다. 나는 헤아려줄 가치가 없는 이들을 헤아리느라 애쓰며 이것을 알게 되었다.

주요 표현 외워 말하기 | 한국어 표현을 보고, 해당하는 영어 표현을 입으로 말해보세요.

❶ 당신의 마음을 지켜라.
❷ 당신의 존엄성을 보호하라.
❸ 그들은 헤아려줄 가치가 있다.

---

❶ 당신의 마음을 지켜라. Guard your heart.
❷ 당신의 존엄성을 보호하라. Protect your dignity.
❸ 그들은 헤아려줄 가치가 있다. They deserve to be figured out.

함께
읽기

테일러 스위프트(Taylor Swift)는 미국의 컨트리팝 싱어송라이터이자 배우이다. 1989년생으로, 2006년 데뷔 음반을 내고 컨트리 싱어로 활약해왔으며, 그래미상 10회, 아메리칸뮤직어워드 24회 수상 기록을 가지고 있다. 전 세계적으로 9천만 장의 음반을 판매한 세계적인 가수이다. 본문에서 figure out은 '헤아려서 알아내다'는 뜻이다.

Be forever happy
영원히 행복하라

- *Bert Jacobs* (버트 제이콥스: 2014년 뉴햄프셔대학 졸업 연설 중)

| Step ❶ preview | Step ❷ sentence | Step ❸ paragraph | Step ❹ exercise |

내용 미리보기 | 오늘 배울 내용입니다. 눈으로 한번 훑어보세요.

I wish I could tell you the secret to being forever young, but no one's figured that out yet. But if you see the glass half full, simplify your life, and give yourself to a worthy cause, you will be forever happy.

| Step ❶ preview | Step ❷ **sentence** | Step ❸ paragraph | Step ❹ exercise |

한 문장씩 따라 말하기 | MP3 음원을 들으면서 한 문장[구]씩 따라 말해보세요.

❶ I wish I could tell you the secret to being forever young,

❷ but no one's figured that out yet.

❸ But if you see the glass half full,

❹ simplify your life,

❺ and give yourself to a worthy cause,

❻ you will be forever happy.

---

❶ 여러분에게 영원히 젊을 수 있는 비결을 얘기할 수 있으면 좋겠다.

❷ 하지만 그건 아직 아무도 알아내지 못했다.

❸ 그러나 잔이 반쯤 채워진 걸로 보고

❹ 삶을 단순화하고

❺ 가치 있는 대의에 자신을 바친다면

❻ 여러분은 영원히 행복할 것이다.

---

secret 비밀   figure out 알아내다, 헤아려내다   simplify 단순화하다   worthy 가치 있는   cause 대의명분

전체 문단 따라 말하기 | MP3 음원을 들으면서 동시에 전체 문단을 따라 말해보세요.

I wish I could tell you the secret to being forever young, but no one's figured that out yet. But if you see the glass half full, simplify your life, and give yourself to a worthy cause, you will be forever happy.

여러분에게 영원히 젊음을 간직할 수 있는 비결을 얘기해줄 수 있으면 좋겠지만 아직 그건 아무도 알아내지 못했다. 그러나 잔이 반쯤 채워진 걸로 (긍정적으로) 보고, 단순하게 살고, 가치 있는 대의에 자신을 바친다면, 여러분은 영원히 행복할 것이다.

주요 표현 외워 말하기 | 한국어 표현을 보고, 해당하는 영어 표현을 입으로 말해보세요.

❶ 당신에게 그 비밀을 말할 수 있다면 좋겠다.
❷ 아직 아무도 그것을 알아내지 못했다.
❸ 가치 있는 대의에 당신 자신을 바쳐라.

❶ 당신에게 그 비밀을 말할 수 있다면 좋겠다. I wish I could tell you the secret.
❷ 아직 아무도 그것을 알아내지 못했다. No one has figured that out yet.
❸ 가치 있는 대의에 당신 자신을 바쳐라. Give yourself to a worthy cause.

함께 읽기

버트 제이콥스(Bert Jacobs)는 미국의 의류 및 액세서리 제조 회사의 대표이다. 1989년 직접 디자인한 "Life Is Good"이라는 문구가 새겨진 티셔츠를 트럭에 싣고 축제장 등에서 팔다가 인기를 얻어 현재 미국을 비롯한 전 세계 30개국 1,400개 매장을 거느린 기업으로 성장시켰다. 본문은 2014년 뉴햄프셔대학에서 버트 제이콥스가 한 졸업 연설의 일부이다.

I'm a human being first and foremost

나는 다른 무엇보다도 한 명의 사람이다

- Malcolm X (말콤 엑스: 1965년 발간된 그의 자서전 중)

| Step **❶ preview** | Step **❷ sentence** | Step **❸ paragraph** | Step **❹ exercise** |

내용 미리보기 | 오늘 배울 내용입니다. 눈으로 한번 훑어보세요.

I've had enough of someone else's propaganda. I'm for truth, no matter who tells it. I'm for justice, no matter who it's for or against. I'm a human being first and foremost, and as such I am for whoever and whatever benefits humanity as a whole.

| Step **❶ preview** | Step **❷ sentence** | Step **❸ paragraph** | Step **❹ exercise** |

한 문장씩 따라 말하기 | MP3 음원을 들으면서 한 문장[구]씩 따라 말해보세요.

❶ I've had enough of someone else's propaganda.

❷ I'm for truth, no matter who tells it.

❸ I'm for justice, no matter who it's for or against.

❹ I'm a human being first and foremost,

❺ and as such I am for whoever and whatever benefits humanity as a whole.

---

❶ 다른 누군가의 선전 문구는 이제 지겹다.

❷ 누가 말하든 나는 진실을 지지한다.

❸ 누구에게 찬성하고 누구에게 반대하든 나는 정의를 지지한다.

❹ 나는 다른 무엇보다도 한 명의 사람이다.

❺ 그리고 그렇기에 나는 누구든 그리고 무엇이든 인류 전체를 이롭게 하는 쪽을 지지한다.

---

have enough of ~에 물리다, 질리다   propaganda 과장된 선전   for 찬성하는, 지지하는   against 반대하는
first and foremost 무엇보다도 먼저   as such 그와 같이   benefit 이롭게 하다   as a whole 전체로서

전체 문단 따라 말하기 | MP3 음원을 들으면서 동시에 전체 문단을 따라 말해보세요.

I've had enough of someone else's propaganda. I'm for truth, no matter who tells it. I'm for justice, no matter who it's for or against. I'm a human being first and foremost, and as such I am for whoever and whatever benefits humanity as a whole.

다른 누군가의 선전 문구는 이제 지겹다. 누가 말하든 나는 진실을 지지한다. 누구에게 찬성하고 누구에게 반대하든 나는 정의를 지지한다. 나는 무엇보다도 먼저 한 명의 사람이기에 누구든 그리고 무엇이든 인류 전체를 이롭게 하는 쪽을 지지한다.

주요 표현 외워 말하기 | 한국어 표현을 보고, 해당하는 영어 표현을 입으로 말해보세요.

❶ 나는 다른 누군가의 선전 문구는 이제 지겹다.
❷ 나는 정의를 지지한다.
❸ 나는 다른 무엇보다도 먼저 한 명의 사람이다.

❶ 나는 다른 누군가의 선전 문구는 이제 지겹다.
　I've had enough of someone else's propaganda.
❷ 나는 정의를 지지한다. I'm for justice.
❸ 나는 다른 무엇보다도 먼저 한 명의 사람이다. I am a human being first and foremost.

함께 읽기

말콤 엑스(Malcolm X)는 미국의 흑인 인권운동가이자 이슬람 운동가이다. 미국의 흑인 이슬람 단체인 '네이션 오브 이슬람(Nation of Islam)'의 대변인을 지내기도 했다. 아버지가 백인 우월주의자에게 살해당했고, 삼촌은 린치를 당했으며, 어머니는 정신병원에 수감되었다. 그로 인해 그는 위탁 가정을 전전하며 성장했다. 흑인 이슬람 교도들로 구성된 과격 단체인 네이션 오브 이슬람을 탈퇴한 뒤에도 흑인 민족 자결권과 자기 방어권을 주장했다. 1965년 네이션 오브 이슬람 구성원들에게 암살당했다. 본문에서 전치사 for는 '~에 찬성하다' 혹은 '~을 지지하다'의 뜻이다. 마지막 문장에서 benefit은 종속절의 '동사'로 쓰였다.

Take chances
모험을 하라

- *Charles A. Lindbergh* (찰스 린드버그: 《린드버그: 비행계의 수수께끼 영웅(Lindbergh: Flight's Enigmatic Hero)》 중)

| Step ❶ **preview** | Step ❷ sentence | Step ❸ paragraph | Step ❹ exercise |

내용 미리보기 | 오늘 배울 내용입니다. 눈으로 한번 훑어보세요.

What kind of man would live where there is no daring? I don't believe in taking foolish chances but nothing can be accomplished without taking any chance at all.

| Step ❶ preview | Step ❷ **sentence** | Step ❸ paragraph | Step ❹ exercise |

한 문장씩 따라 말하기 | MP3 음원을 들으면서 한 문장[구]씩 따라 말해보세요.

❶ **What kind of man would live where there is no daring?**
❷ **I don't believe in taking foolish chances /**
❸ **but nothing can be accomplished without taking any chance at all.**

---

❶ 대담함이 없는 곳에서 어떤 사람이 살까 싶다.
❷ 나는 어리석은 모험을 하는 걸 믿지 않지만
❸ 모험을 전혀 하지 않으면 아무것도 성취할 수 없다.

---

daring 대담함 foolish 바보 같은, 멍청한 accomplish 성취하다 take a chance 운에 맡기다, 모험을 하다

전체 문단 따라 말하기 | MP3 음원을 들으면서 동시에 전체 문단을 따라 말해보세요.

**What kind of man would live where there is no daring? I
don't believe in taking foolish chances but nothing can be
accomplished without taking any chance at all.**

대담함이 없는 곳에서 어떤 사람이 살까 싶다. 나는 어리석은 모험을 감행하는 것이 옳다고 믿지는
않지만 모험을 전혀 하지 않으면 아무것도 성취할 수 없다.

주요 표현 외워 말하기 | 한국어 표현을 보고, 해당하는 영어 표현을 입으로 말해보세요.

❶ 나는 어리석은 모험을 하는 것을 믿지 않는다.
❷ 어떤 것도 성취될 수 없다.
❸ (운에 맡기는) 모험을 하라.

❶ 나는 어리석은 모험을 하는 것을 믿지 않는다. I don't believe in taking foolish chances.
❷ 어떤 것도 성취될 수 없다. Nothing can be accomplished.
❸ (운에 맡기는) 모험을 하라. Take chances.

함께 읽기

찰스 린드버그(Charles A. Lindbergh)는 미국의 비행기 조종사로, 1927년 '스
피릿 오브 세인트루이스호'를 타고 롱아일랜드에서 파리까지 대서양을 쉬지
않고 횡단하는 데 최초로 성공한 인물이다. 무려 33시간 30분의 대기록이었다.
이후 저술가, 발명가, 사회 운동가로 일생을 살며 많은 저작을 남기고 영향을
끼쳤다. '어떤 사람이 살려고 할까'는 아무도 살지 않으려 할 거라는 뜻이다.

People change when they are ready to

사람들은 그럴 준비가 되었을 때 변한다

- Andy Warhol (앤디 워홀: 《Andy Warhol in His Own Words》 중)

| Step ❶ **preview** | Step ❷ sentence | Step ❸ paragraph | Step ❹ exercise |

내용 미리보기 | 오늘 배울 내용입니다. 눈으로 한번 훑어보세요.

> When people are ready to, they change. They never do it before then, and sometimes they die before they get around to it. You can't make them change if they don't want to, just like when they do want to, you can't stop them.

| Step ❶ preview | Step ❷ **sentence** | Step ❸ paragraph | Step ❹ exercise |

한 문장씩 따라 말하기 | MP3 음원을 들으면서 한 문장[구]씩 따라 말해보세요.

❶ When people are ready to, they change.

❷ They never do it before then,

❸ and sometimes they die before they get around to it.

❹ You can't make them change if they don't want to,

❺ just like when they do want to, you can't stop them.

---

❶ 사람들은 그럴 준비가 되었을 때 변한다.

❷ 그 전에는 결코 변하지 않는다.

❸ 그리고 때때로 (오랜 시간이 걸려) 변화에 다다르기 전에 죽기도 한다.

❹ 사람들이 그러기를 원하지 않는다면 변하게 만들 수는 없다.

❺ 사람들이 정말로 변하기를 원한다면 막을 수 없는 것과 마찬가지로.

---

ready 준비된 get around to (한참 시간이 지난 후) ~까지 미치다, 닿다 just like 마치 ~처럼 stop 막다, 멈추다

전체 문단 따라 말하기 | MP3 음원을 들으면서 동시에 전체 문단을 따라 말해보세요.

When people are ready to, they change. They never do it before then, and sometimes they die before they get around to it. You can't make them change if they don't want to, just like when they do want to, you can't stop them.

사람들은 그럴 준비가 되었을 때 변한다. 그 전에는 결코 변하지 않으며 때때로 오랜 시간이 흘렀으나 미처 변화에 다다르기 전에 죽기도 한다. 사람들이 그러기를 원하지 않는다면 변하게 만들 수는 없다. 마찬가지로 사람들이 정말로 변하기를 원한다면 막을 수 없다.

주요 표현 외워 말하기 | 한국어 표현을 보고, 해당하는 영어 표현을 입으로 말해보세요.

❶ 사람들은 그럴 준비가 되었을 때 변한다.
❷ 그들이 그러기를 원하지 않는다면 그들을 변하게 만들 수는 없다.
❸ 그들이 변하기를 원한다면 그들을 막을 수 없다.

❶ 사람들은 그럴 준비가 되었을 때 변한다. When people are ready to, they change.
❷ 그들이 그러기를 원하지 않는다면 그들을 변하게 만들 수는 없다.
   You can't make them change if they don't want to.
❸ 그들이 변하기를 원한다면 그들을 막을 수 없다.
   When they want to change, you can't stop them.

함께 읽기

앤디 워홀(Andy Warhol)은 팝아트로 유명한 미국의 예술가이다. 미국 문화의 정체성을 팝아트라는 경쾌한 시각 예술로 표현한 인물로, 대중미술과 순수미술의 경계를 무너뜨린 현대미술의 대표 아이콘이다. 비틀즈와 더불어 1960년대를 대표하는 인물로 선정되기도 했다. 대표작으로 〈2백 개의 수프 깡통〉이 있다. 본문의 are ready to change와 want to change에서 change는 반복에 의해 생략되었다.

A journey on a road never before traveled

가보지 않은 곳으로의 여정

- Henry Kissinger (헨리 키신저: 그의 책《세계 질서(World Order)》중)

| Step ❶ preview | Step ❷ sentence | Step ❸ paragraph | Step ❹ exercise |

내용 미리보기 | 오늘 배울 내용입니다. 눈으로 한번 훑어보세요.

To undertake a journey on a road never before traveled requires character and courage: character because the choice is not obvious; courage because the road will be lonely at first. And the statesman must then inspire his people to persist in the endeavor.

| Step ❶ preview | Step ❷ sentence | Step ❸ paragraph | Step ❹ exercise |

한 문장씩 따라 말하기 | MP3 음원을 들으면서 한 문장[구]씩 따라 말해보세요.

❶ To undertake a journey on a road never before traveled requires character and courage:

❷ character because the choice is not obvious;

❸ courage because the road will be lonely at first.

❹ And the statesman must then inspire his people to persist in the endeavor.

❶ 전에 가본 적이 없는 길로 여정을 시작하는 데는 기개와 용기가 필요하다.

❷ 이 선택은 분명하지 않기 때문에 기개가 필요하고

❸ 이 길은 처음에는 외로울 것이기 때문에 용기가 필요하다.

❹ 그러고 나면 정치인들은 그럴 때 국민들이 그 노력을 계속하도록 고취시켜야 한다.

---

undertake 착수하다 journey 여정 character 기개 courage 용기 obvious 명백한 statesman 정치가 inspire 고취시키다 people 국민 persist in ~을 고집하다 endeavor 노력

전체 문단 따라 말하기 | MP3 음원을 들으면서 동시에 전체 문단을 따라 말해보세요.

To undertake a journey on a road never before traveled requires character and courage: character because the choice is not obvious; courage because the road will be lonely at first. And the statesman must then inspire his people to persist in the endeavor.

전에 가본 적이 없는 길로 여정을 시작하는 데는 기개와 용기가 필요하다. 이 선택은 분명히 보이지 않기 때문에 기개가 필요하고, 이 길은 처음에는 외로울 것이므로 용기가 필요하다. 그리고 나면 정치인들은 그럴 때 국민들이 끈질기게 계속하여 그러한 노력을 계속하도록 고취시켜야 한다.

주요 표현 외워 말하기 | 한국어 표현을 보고, 해당하는 영어 표현을 입으로 말해보세요.

❶ 그것은 기개와 용기가 필요하다.
❷ 그 길은 처음에는 외로울 것이다.
❸ 정치인은 국민들을 고취시켜야 한다.

❶ 그것은 기개와 용기가 필요하다. It requires character and courage.
❷ 그 길은 처음에는 외로울 것이다. The road will be lonely at first.
❸ 정치인은 국민들을 고취시켜야 한다. The statesman must inspire his people.

함께
읽기

헨리 키신저(Henry Kissinger)는 미국의 유대계 정치인이자 외교관으로, 닉슨 정권과 포드 정권 당시 미국 및 국제 정계에서 활약했다. 미중 정상회담과 베트남 평화조약이 그의 대표적인 외교 성과로 꼽히며, 이를 인정받아 노벨평화상을 수상했다. 저서로 《미국의 외교정책》, 《선택의 필요성》 등이 있다. 본문에서 never before traveled는 앞의 road를 수식하는 형용사구로 쓰였다.

You can still feel that joy
당신은 여전히 그 기쁨을 느낄 수 있다

- *Helen Fisher* (헬렌 피셔: 2008년 TED 강연 〈사랑에 빠진 인간의 두뇌에 관한 연구(The Brain in Love)〉 중)

| Step ❶ **preview** | Step ❷ sentence | Step ❸ paragraph | Step ❹ exercise |

내용 미리보기 | 오늘 배울 내용입니다. 눈으로 한번 훑어보세요.

People have often asked me whether what I know about love has spoiled it for me. And I just simply say, 'Hardly.' You can know every single ingredient in a piece of chocolate cake, and then when you sit down and eat that cake, you can still feel that joy.

| Step ❶ preview | Step ❷ **sentence** | Step ❸ paragraph | Step ❹ exercise |

한 문장씩 따라 말하기 | MP3 음원을 들으면서 한 문장[구]씩 따라 말해보세요.

❶ People have often asked me /
❷ whether what I know about love has spoiled it for me.
❸ And I just simply say, "Hardly."
❹ You can know every single ingredient in a piece of chocolate cake,
❺ and then when you sit down and eat that cake,
❻ you can still feel that joy.

❶ 사람들은 종종 내게 묻는다.
❷ 사랑에 대해 내가 알고 있는 것이 내 경우에 사랑을 망치지 않았냐고.
❸ 그러면 난 그저 단순히 대답한다. '거의 그렇지 않아요.'
❹ 초콜릿 케이크 한 조각 속에 든 재료를 하나하나 다 알고
❺ 그리고 나서 앉아서 그 케이크를 먹을 때
❻ 여전히 그 기쁨을 느낄 수 있다.

---

spoil 망치다 simply 단순히 hardly 거의 ~하지 않다 ingredient 재료

전체 문단 따라 말하기 | MP3 음원을 들으면서 동시에 전체 문단을 따라 말해보세요.

People have often asked me whether what I know about love has spoiled it for me. And I just simply say, 'Hardly.' You can know every single ingredient in a piece of chocolate cake, and then when you sit down and eat that cake, you can still feel that joy.

사람들은 사랑에 대해 내가 알고 있는 것이 내 경우에 사랑을 망치지 않았는지 종종 내게 묻는다. 그러면 난 그저 '거의 그렇지 않아요'라고 간단하게 대답한다. 초콜릿 케이크 한 조각 속에 든 재료를 하나하나 다 알 수 있더라도 앉아서 그 케이크를 먹을 때 여전히 그 기쁨을 느낄 수 있으니까.

주요 표현 외워 말하기 | 한국어 표현을 보고, 해당하는 영어 표현을 입으로 말해보세요.

❶ 내가 사랑에 대해 아는 것이 내 경우엔 사랑을 망쳤다.
❷ 나는 그저 '거의 그렇지 않아요'라고 단순히 대답한다.
❸ 당신은 초콜릿 케이크 한 조각 속에 든 재료를 하나하나 다 알 수 있다.

❶ 내가 사랑에 대해 아는 것이 내 경우엔 사랑을 망쳤다.
What I know about love has spoiled it for me.
❷ 나는 그저 '거의 그렇지 않아요'라고 단순히 대답한다. I just simply say, 'Hardly.'
❸ 당신은 초콜릿 케이크 한 조각 속에 든 재료를 하나하나 다 알 수 있다.
You can know every single ingredient in a piece of chocolate cake.

함께 읽기

헬렌 피셔(Helen Fisher)는 미국의 인류학자이자 인간행동 연구가이며 작가이다. 럿거스대학의 교수로 재직하면서 30년 넘게 상호 매력에 대해 연구하고 있는 생물학 전문가이다. TED 강연의 강사이기도 하며, 〈왜 그인가? 왜 그녀인가? 유혹의 과학?〉이라는 ABC 방송에 출연하기도 했다. 본문에서 그녀는 사랑에 대해 너무 많이 아는 것이 실제 사랑에는 도움이 안 되지 않느냐는 사람들의 질문에 그렇지 않다고 대답하고 있다.

Remember you will not always win

항상 이길 수만은 없다는 것을 명심하라

- Maxwell Maltz (맥스웰 몰츠: 그의 책 《Principles of Creative Living》 중)

| Step ❶ preview | Step ❷ sentence | Step ❸ paragraph | Step ❹ exercise |

내용 미리보기 | 오늘 배울 내용입니다. 눈으로 한번 훑어보세요.

Remember you will not always win. Some days, the most resourceful individual will taste defeat. But there is, in this case, always tomorrow – after you have done your best to achieve success today.

| Step ❶ preview | Step ❷ sentence | Step ❸ paragraph | Step ❹ exercise |

한 문장씩 따라 말하기 | MP3 음원을 들으면서 한 문장[구]씩 따라 말해보세요.

❶ Remember you will not always win.
❷ Some days, the most resourceful individual will taste defeat.
❸ But there is, in this case, always tomorrow –
❹ after you have done your best to achieve success today.

- -

❶ 항상 이길 수만은 없다는 것을 명심하라.
❷ 어떤 날에는 가장 지략이 뛰어난 사람도 패배를 맛보게 될 것이다.
❸ 그러나 이런 경우 늘 내일은 있다.
❹ 오늘 성공을 이루기 위해 최선을 다한 후라면.

---

win 이기다   resourceful 지략이 있는   individual 개인, 구성원, 사람   defeat 패배   achieve 달성하다

전체 문단 따라 말하기 | MP3 음원을 들으면서 동시에 전체 문단을 따라 말해보세요.

Remember you will not always win. Some days, the most resourceful individual will taste defeat. But there is, in this case, always tomorrow – after you have done your best to achieve success today.

항상 이길 수만은 없다는 것을 명심하라. 가장 지략이 뛰어난 사람도 언젠가는 패배를 맛보게 될 것이다. 그러나 이런 경우 늘 내일이 있다. 오늘 성공을 이루기 위해 최선을 다한 후라면 말이다.

주요 표현 외워 말하기 | 한국어 표현을 보고, 해당하는 영어 표현을 입으로 말해보세요.

❶ 당신은 항상 이길 수만은 없다.
❷ 가장 지략이 뛰어난 사람도 패배를 맛보게 된다.
❸ 당신은 (지금까지) 최선을 다했다.

❶ 당신은 항상 이길 수만은 없다. You will not always win.
❷ 가장 지략이 뛰어난 사람도 패배를 맛보게 된다.
　 The most resourceful individual will taste defeat.
❸ 당신은 (지금까지) 최선을 다했다. You have done your best.

함께 읽기

맥스웰 몰츠(Maxwell Maltz)는 컬럼비아대학교에서 의학박사 학위를 취득한 성형외과 전문의이자 작가이다. 사람은 스스로 자신의 이미지를 개선할 수 있고, 그렇게 되면 보다 성공적이고 충만한 삶을 살 수 있다는 메시지를 담은 《사이코-사이버네틱스》를 집필했다. 이 책은 1960년 출간 후 베스트셀러로 자리 잡았고, 이후 많은 자기계발서 작가들에게 영감을 주었다. 본문에서 not always win은 '이길 때도 있고 그러지 못할 때도 있다'는 뜻이다.

It's never too late to do some good

선한 일을 하기에 결코 너무 늦은 법은 없다

- Maya Angelou (마야 안젤루: 2007년 〈오프라 매거진(The Oprah Magazine)〉 중)

| Step ❶ preview | Step ❷ sentence | Step ❸ paragraph | Step ❹ exercise |

내용 미리보기 | 오늘 배울 내용입니다. 눈으로 한번 훑어보세요.

I'm convinced of this: Good done anywhere is good done everywhere. For a change, start by speaking to people rather than walking by them like they're stones that don't matter. As long as you're breathing, it's never too late to do some good.

| Step ❶ preview | Step ❷ sentence | Step ❸ paragraph | Step ❹ exercise |

한 문장씩 따라 말하기 | MP3 음원을 들으면서 한 문장[구]씩 따라 말해보세요.

❶ I'm convinced of this:

❷ Good done anywhere is good done everywhere.

❸ For a change, start by speaking to people /

❹ rather than walking by them like they're stones that don't matter.

❺ As long as you're breathing, it's never too late to do some good.

----

❶ 나는 이것을 확신한다.

❷ 어디에서든 선한 일을 하면 모든 곳에서 선한 일을 한 것이다.

❸ 기분전환 삼아 사람들에게 말을 거는 것으로 시작해보라.

❹ 사람들이 중요치 않은 돌인 것처럼 걸어 지나치기보다는.

❺ 숨을 쉬는 한 선한 일을 하기에 결코 너무 늦은 법은 없다.

----

be convinced of ~을 확신하다   good 선, 덕, 미덕   for a change 기분전환 삼아   walk by 걸어 지나치다
matter 중요하다   breathe 숨쉬다, 호흡하다

전체 문단 따라 말하기 | MP3 음원을 들으면서 동시에 전체 문단을 따라 말해보세요.

I'm convinced of this: Good done anywhere is good done everywhere. For a change, start by speaking to people rather than walking by them like they're stones that don't matter. As long as you're breathing, it's never too late to do some good.

나는 이것을 확신한다. 어디에서든 선한 일을 하면 모든 곳에서 선한 일을 한 것이다. 사람들이 중요치 않은 돌인 것처럼 지나치기보다는 기분전환 삼아 사람들에게 말을 거는 것으로 시작해보라. 숨을 쉬는 한 선한 일을 하기에 결코 너무 늦은 법은 없으니까.

주요 표현 외워 말하기 | 한국어 표현을 보고, 해당하는 영어 표현을 입으로 말해보세요.

❶ 나는 이것을 확신한다.
❷ 사람들에게 말을 거는 것으로 시작하라.
❸ 선한 일을 하기에 결코 너무 늦은 법은 없다.

❶ 나는 이것을 확신한다. I'm convinced of this.
❷ 사람들에게 말을 거는 것으로 시작하라. Start by speaking to people.
❸ 선한 일을 하기에 결코 너무 늦은 법은 없다. It's never too late to do some good.

함께 읽기

마야 안젤루(Maya Angelou)는 미국의 작가이자 시인, 인권운동가로, 마틴 루터 킹·말콤 엑스와 함께 인권 운동을 펼쳤다. 50년에 걸쳐 저술 및 강연 활동을 했으며, 대표작 《새장에 갇힌 새가 왜 노래하는지 나는 아네》를 비롯해 많은 작품을 남겼다. 연극 등 예술 활동에도 활발히 참여했다. 본문의 good done anywhere는 직역하면 '어디에서든 행해진 선한 일'이 된다. 여기서 good은 '선(善)'이라는 의미의 명사로 쓰였다.

Don't be disabled in spirit
정신적인 장애인이 되지 마라

- *Stephen Hawking* (스티븐 호킹: 2011년 〈뉴욕타임스〉 인터뷰 중)

| Step ❶ preview | Step ❷ sentence | Step ❸ paragraph | Step ❹ exercise |

내용 미리보기 | 오늘 배울 내용입니다. 눈으로 한번 훑어보세요.

My advice to other disabled people would be, concentrate on things your disability doesn't prevent you doing well, and don't regret the things it interferes with. Don't be disabled in spirit as well as physically.

| Step ❶ preview | Step ❷ sentence | Step ❸ paragraph | Step ❹ exercise |

한 문장씩 따라 말하기 | MP3 음원을 들으면서 한 문장[구]씩 따라 말해보세요.

❶ My advice to other disabled people would be,
❷ concentrate on things your disability doesn't prevent you doing well,
❸ and don't regret the things it interferes with.
❹ Don't be disabled in spirit as well as physically.

❶ 다른 장애인들에게 주는 내 충고는 이렇다.
❷ 장애가 잘하지 못하게 막을 수 없는 일들에 집중하라.
❸ 그리고 장애가 방해하는 일들을 안타깝게 생각하지 마라.
❹ 육체적으로뿐 아니라 정신적으로도 장애가 되지 않도록 하라.

---

disabled 장애의   concentrate on ~에 집중하다   disability 장애   prevent 막다, 금하다   regret 후회하다
interfere with ~을 방해하다, 교란하다   in spirit 정신적으로   physically 육체적으로

전체 문단 따라 말하기 | MP3 음원을 들으면서 동시에 전체 문단을 따라 말해보세요.

My advice to other disabled people would be, concentrate on things your disability doesn't prevent you doing well, and don't regret the things it interferes with. Don't be disabled in spirit as well as physically.

다른 장애인들에게 주는 내 충고는 이렇다, 잘하지 못하도록 장애가 막을 수 없는 일들에 집중하라. 그리고 장애가 방해하는 일들 을 안타깝게 생각하지 마라. 육체적으로뿐 아니라 정신적으로도 장애가 되지 않도록 하라.

주요 표현 외워 말하기 | 한국어 표현을 보고, 해당하는 영어 표현을 입으로 말해보세요.

❶ 일들에 집중하라.
❷ 그 일들을 안타깝게 생각하지 마라.
❸ 정신적인 장애인이 되지 마라.

❶ 일들에 집중하라. Concentrate on things.
❷ 그 일들을 안타깝게 생각하지 마라. Don't regret the things.
❸ 정신적인 장애인이 되지 마라. Don't be disabled in spirit.

함께
읽기

스티븐 호킹(Stephen Hawking)은 영국의 이론물리학자로, 2009년까지 케임브리지대학의 교수로 재직하면서 우주론과 양자 중력 연구에 큰 업적을 남겼다. 21세부터 루게릭병을 앓은 탓에 휠체어에 앉아 연구했지만 대중서를 포함한 많은 과학서를 집필했으며, 최연소 영국 왕립학회 회원으로 추대되기도 했다. 본문에서 disabled는 '장애의'라는 뜻으로 physically challenged라고 할 수도 있다.

You've got to sell it to yourself

당신 스스로 믿게 만들어야 한다

- James Cameron (제임스 카메론: 《Leading Change: How Successful Leaders Approach Change Management》 중)

| Step ❶ preview | Step ❷ sentence | Step ❸ paragraph | Step ❹ exercise |

내용 미리보기 | 오늘 배울 내용입니다. 눈으로 한번 훑어보세요.

To convince people to back your idea, you've got to sell it to yourself and know when it's the moment. Sometimes that means waiting. It's like surfing. You don't create energy, you just harvest energy already out there.

| Step ❶ preview | Step ❷ sentence | Step ❸ paragraph | Step ❹ exercise |

한 문장씩 따라 말하기 | MP3 음원을 들으면서 한 문장[구]씩 따라 말해보세요.

❶ To convince people to back your idea,
❷ you've got to sell it to yourself /
❸ and know when it's the moment.

❹ Sometimes that means waiting.
❺ It's like surfing.
❻ You don't create energy,
❼ you just harvest energy already out there.

---

❶ 사람들이 당신의 생각을 지지하도록 설득하려면
❷ 당신 스스로 그 생각을 믿게 만들어야 한다.
❸ 그리고 때가 언제인지를 알아야 한다.

❹ 때로 이것은 기다림을 의미한다.
❺ 이것은 서핑과 같다.
❻ 에너지를 만들어내는 것이 아니다.
❼ 그저 이미 거기에 있는 에너지를 거둬들이는 것이다.

---

convince 확신시키다, 납득시키다 back 지지하다 sell 믿게 만들다 harvest 수확하다

전체 문단 따라 말하기 | MP3 음원을 들으면서 동시에 전체 문단을 따라 말해보세요.

To convince people to back your idea, you've got to sell it to yourself and know when it's the moment. Sometimes that means waiting. It's like surfing. You don't create energy, you just harvest energy already out there.

사람들이 당신의 생각을 지지하도록 설득하려면 당신 스스로 그 생각을 믿게 만들어야 하고, 때가 언제인지를 알아야 한다. 때로 이것은 기다림을 의미한다. 이것은 서핑과 같다. 에너지를 만들어내는 것이 아니라, 그저 이미 거기에 있는 에너지를 거둬들이는 것이다.

주요 표현 외워 말하기 | 한국어 표현을 보고, 해당하는 영어 표현을 입으로 말해보세요.

❶ 사람들이 당신의 생각을 지지하도록 설득하라.
❷ 당신은 당신 스스로 그것을 믿게 만들어야 한다.
❸ 그것은 서핑과 같다.

❶ 사람들이 당신의 생각을 지지하도록 설득하라. Convince people to back your idea.
❷ 당신은 당신 스스로 그것을 믿게 만들어야 한다. You've got to sell it to yourself.
❸ 그것은 서핑과 같다. It's like surfing.

함께 읽기

제임스 카메론(James Cameron)은 캐나다계 미국인 감독이자 각본가, 제작자, 편집자, 투자자이다. 명실상부 세계 최고의 흥행 감독으로, 역대 흥행 순위 2위 영화인 〈아바타〉, 3위인 〈타이타닉〉이 모두 그의 작품이다. 2009년 12월 할리우드 명예의 거리에 올랐으며, 대표작으로 〈터미네이터 1, 2〉, 〈에이리언 2〉, 〈어비스〉, 〈트루 라이즈〉 등이 있다. 본문의 sell은 '믿게 만들다'의 뜻으로, buy는 '믿다'라는 뜻으로 쓰인다.

Who are you to judge the life I live?

당신은 누구기에 내가 사는 삶을 판단하는가?

- Bob Marley (밥 말리: 그의 노래 〈Judge Not〉 중)

| Step ❶ preview | Step ❷ sentence | Step ❸ paragraph | Step ❹ exercise |

내용 미리보기 | 오늘 배울 내용입니다. 눈으로 한번 훑어보세요.

Who are you to judge the life I live? I know I'm not perfect – and I don't live to be – but before you start pointing fingers, make sure your hands are clean!

| Step ❶ preview | Step ❷ sentence | Step ❸ paragraph | Step ❹ exercise |

한 문장씩 따라 말하기 | MP3 음원을 들으면서 한 문장[구]씩 따라 말해보세요.

① Who are you to judge the life I live?
② I know I'm not perfect –
③ and I don't live to be –
④ but before you start pointing fingers,
⑤ make sure your hands are clean!

---

① 당신은 누구기에 내가 사는 삶을 판단하는가?
② 내가 완벽하지 않다는 건 안다.
③ 그리고 완벽하려고 사는 것도 아니다.
④ 그러나 손가락질을 시작하기 전에
⑤ 당신 손이 깨끗한지 확인하라!

---

judge 판단하다 perfect 완벽한 point fingers 손가락질하다 make sure 확인하다

전체 문단 따라 말하기 | MP3 음원을 들으면서 동시에 전체 문단을 따라 말해보세요.

Who are you to judge the life I live? I know I'm not perfect – and I don't live to be – but before you start pointing fingers, make sure your hands are clean!

당신은 누구기에 내가 사는 삶을 판단하는가? 내가 완벽하지 않다는 건 안다. 그리고 완벽하려고 사는 것도 아니다. 그러나 손가락질을 시작하기 전에 당신 손이 깨끗한지 확인하시라!

주요 표현 외워 말하기 | 한국어 표현을 보고, 해당하는 영어 표현을 입으로 말해보세요.

❶ 당신은 누구기에 내가 사는 삶을 판단하는가?
❷ 나는 내가 완벽하지 않다는 것을 안다.
❸ 당신의 손이 깨끗한지 확인하라.

❶ 당신은 누구기에 내가 사는 삶을 판단하는가? Who are you to judge the life I live?
❷ 나는 내가 완벽하지 않다는 것을 안다. I know I'm not perfect.
❸ 당신의 손이 깨끗한지 확인하라. Make sure your hands are clean.

함께 읽기

밥 말리(Bob Marley)는 자메이카 출신의 싱어송라이터이자 기타리스트로, 레게음악을 대표하는 음악인으로 꼽힌다. 미국과 자메이카의 대중음악 양식을 혼합한 독특한 음악을 만들었다. 1984년 발매한 〈레전드〉는 전 세계적으로 인기를 얻으며 1,200만 장에 달하는 판매고를 기록했다. 본문에서 I don't live to be 뒤에 나오는 perfect는 반복에 의해 생략되었다.

Trying to please everybody is impossible

모든 이를 기쁘게 하려 하는 것은 불가능하다

- John Lennon (존 레논: 그의 명언 중)

| Step ❶ preview | Step ❷ sentence | Step ❸ paragraph | Step ❹ exercise |

내용 미리보기 | 오늘 배울 내용입니다. 눈으로 한번 훑어보세요.

Trying to please everybody is impossible – if you did that, you'd end up in the middle with nobody liking you. You've just got to make the decision about what you think is your best, and do it.

| Step ❶ preview | Step ❷ sentence | Step ❸ paragraph | Step ❹ exercise |

한 문장씩 따라 말하기 | MP3 음원을 들으면서 한 문장[구]씩 따라 말해보세요.

❶ Trying to please everybody is impossible –

❷ if you did that, you'd end up in the middle with nobody liking you.

❸ You've just got to make the decision /

❹ about what you think is your best,

❺ and do it.

---

❶ 모든 이를 기쁘게 하려 하는 것은 불가능하다.

❷ 그렇게 한다면 그 와중에 아무도 당신을 좋아하지 않게 되어버릴 것이다.

❸ 당신은 결정을 내려야 할 뿐이다.

❹ 당신이 최선이라고 생각하는 것에 대해.

❺ 그리고 그것을 행하라.

---

please 기쁘게 하다 impossible 불가능한 end up with 결국 ~하게 되다 decision 결정

전체 문단 따라 말하기 | MP3 음원을 들으면서 동시에 전체 문단을 따라 말해보세요.

Trying to please everybody is impossible – if you did that, you'd end up in the middle with nobody liking you. You've just got to make the decision about what you think is your best, and do it.

모든 이를 기쁘게 하려고 하는 것은 불가능하다. 그렇게 한다면 그 와중에 아무도 당신을 좋아하지 않게 되어버릴 것이다. 당신이 최선이라고 생각하는 것에 대해 결정을 내려야 할 뿐이다. 그리고 그것을 행하라.

주요 표현 외워 말하기 | 한국어 표현을 보고, 해당하는 영어 표현을 입으로 말해보세요.

❶ 모든 이를 기쁘게 하는 것은 불가능하다.
❷ 당신은 그 결정을 내려야 할 뿐이다.
❸ 당신이 최선이라 생각하는 것을 행하라.

❶ 모든 이를 기쁘게 하는 것은 불가능하다. To please everybody is impossible.
❷ 당신은 그 결정을 내려야 할 뿐이다. You've just got to make the decision.
❸ 당신이 최선이라 생각하는 것을 행하라. Do what you think is your best.

함께 읽기

존 레논(John Lennon)은 비틀즈의 창립 멤버이자 전설의 반열에 오른 영국 가수이다. 대중음악가로서는 이례적으로 다른 비틀즈 멤버들과 함께 대영제국훈장을 받았다. '이매진(Imagine)' 등의 노래를 작곡해서 불렀으며, 2008년에는 가장 위대한 작곡가 8위에 선정되었다. 본문 중 end up with A는 '결국에는 A를 하거나 받게 된다'는 뜻인데, end up in the middle은 끝까지 가는 과정 중에 'A 이하의 상태가 발생해버린다'는 의미이다. 그래서 '그 와중에'로 해석했다.

What makes us unique
우리를 독특하게 만드는 것

- Ellen DeGeneres (엘렌 드제너러스: 2013년 Oprah.com에서 인용됨)

내용 미리보기 | 오늘 배울 내용입니다. 눈으로 한번 훑어보세요.

It's our challenges and obstacles that give us layers of depth and make us interesting. Are they fun when they happen? No. But they are what make us unique. And that's what I know for sure…… I think.

한 문장씩 따라 말하기 | MP3 음원을 들으면서 한 문장[구]씩 따라 말해보세요.

❶ It's our challenges and obstacles /
❷ that give us layers of depth and make us interesting.
❸ Are they fun when they happen? No.
❹ But they are what make us unique.
❺ And that's what I know for sure……. I think.

❶ 그것은 우리의 어려움과 난관들이다.
❷ 우리에게 깊이의 층위를 주고 우리를 흥미진진한 사람으로 만드는 것은.
❸ 그런 일들이 일어날 때 재미있느냐고? 그렇지 않다.
❹ 하지만 그런 일들이 우리를 독특하게 만든다.
❺ 그리고 그게 바로 내가 확실히 아는 것이다……. 내 생각엔.

---

challenge 어려움 obstacle 난관 layer 층, 층위 depth 깊이 unique 독특한 for sure 확실히

전체 문단 따라 말하기 | MP3 음원을 들으면서 동시에 전체 문단을 따라 말해보세요.

It's our challenges and obstacles that give us layers of depth and make us interesting. Are they fun when they happen? No. But they are what make us unique. And that's what I know for sure....... I think.

우리가 깊이를 지니게 하고 우리를 흥미진진한 사람으로 만드는 것은 어려움과 난관들이다. 그런 일들이 일어날 때 재미있냐고? 그렇지 않다. 하지만 그런 일들이 우리를 독특한 사람으로 만든다. 그리고 그게 바로 내가 확실히 아는 것이다. 나는 그렇게 생각한다.

주요 표현 외워 말하기 | 한국어 표현을 보고, 해당하는 영어 표현을 입으로 말해보세요.

❶ 그것이 우리를 흥미진진한 사람으로 만든다.
❷ 그런 일들이 일어날 때 재미있는가?
❸ 그게 내가 확실히 아는 것이다.

❶ 그것이 우리를 흥미진진한 사람으로 만든다. It makes us interesting.
❷ 그런 일들이 일어날 때 재미있는가? Are they fun when they happen?
❸ 그게 내가 확실히 아는 것이다. That's what I know for sure.

함께 읽기

엘렌 드제너러스(Ellen DeGeneres)는 미국의 코미디언이자 배우, 작가, 제작 자이다. 오프라 윈프리 쇼 이후 최고의 데이타임 토크쇼 자리를 지키고 있는 〈디 엘렌 드제너러스 쇼〉의 진행자로 유명하다. ABC에서 제작한 〈Ellen〉이라 는 시트콤에 주연으로 출연하면서, 여자 배우 최초로 자신이 레즈비언임을 공 개했다. challenge는 '도전'이라는 의미보다는 '어려움'을 긍정적으로 표현하는 단어로 이해하면 된다.

Look to the other side
다른 면을 보라

- Tyra Banks (타이라 뱅크스: 〈타이라 뱅크스 쇼〉 중)

| Step ❶ preview | Step ❷ sentence | Step ❸ paragraph | Step ❹ exercise |

내용 미리보기 | 오늘 배울 내용입니다. 눈으로 한번 훑어보세요.

One thing my mom used to tell me was to look to the other side, and know that my present is not going to be everything. So if I'm having a bad day, she goes, "Just imagine tomorrow. This is going to be over. This is going to be done with."

| Step ❶ preview | Step ❷ sentence | Step ❸ paragraph | Step ❹ exercise |

한 문장씩 따라 말하기 | MP3 음원을 들으면서 한 문장[구]씩 따라 말해보세요.

❶ One thing my mom used to tell me was to look to the other side,
❷ and know that my present is not going to be everything.

❸ So if I'm having a bad day,
❹ she goes, "Just imagine tomorrow.
❺ This is going to be over.
❻ This is going to be done with."

❶ 엄마가 내게 하곤 했던 말 한 가지는 다른 면을 보라는 거였다.
❷ 그리고 나의 현재가 전부가 아니라는 것을 알라는 거였다.

❸ 그래서 만일 내가 일진이 사나우면
❹ 엄마 말로는 그랬다. "그냥 내일을 상상하렴.
❺ 이건 끝날 거니까.
❻ 이건 끝장을 낼 테니까."

---

the other side 반대편, 이면 present 현재 imagine 상상하다 be over 끝나다
be done with 끝장내다, 다 처리되다

전체 문단 따라 말하기 | MP3 음원을 들으면서 동시에 전체 문단을 따라 말해보세요.

One thing my mom used to tell me was to look to the other side, and know that my present is not going to be everything. So if I'm having a bad day, she goes, "Just imagine tomorrow. This is going to be over. This is going to be done with."

엄마가 내게 하곤 했던 말 한 가지는 다른 면을 보라는 거였다. 그리고 현재가 전부가 아니라는 것을 알라는 거였다. 그래서 내가 만일 일진이 사나우면 엄마 말로는 그랬다. "그냥 내일을 상상하렴. 이건 끝날 거니까. 이건 끝장을 낼 테니까."

주요 표현 외워 말하기 | 한국어 표현을 보고, 해당하는 영어 표현을 입으로 말해보세요.

❶ 다른 면을 보아라.
❷ 나의 현재가 전부는 아닐 것이다.
❸ 이건 끝날 것이다.

❶ 다른 면을 보아라. Look to the other side.
❷ 나의 현재가 전부는 아닐 것이다. My present is not going to be everything.
❸ 이건 끝날 것이다. This is going to be over.

**함께
읽기**

타이라 뱅크스(Tyra Banks)는 미국의 모델 출신 배우이자 쇼 진행자로 〈도전! 슈퍼모델〉과 〈타이라 뱅크스 쇼〉를 진행하고 있다. 〈GQ〉와 〈스포츠 일러스트레이티드 스윔 수트 이슈〉지의 커버에 실린 최초의 아프리카계 미국 여성으로 명성을 쌓았다. 뛰어난 토크쇼 진행자로, 에미상을 수상하기도 했다. 본문은 bad day에 새겨 읽는 인용구로 널리 알려져 있다.

The fears are paper tigers
공포는 종이호랑이다

- Amelia Earhart (아멜리아 에어하트: 그녀의 공식 웹사이트에서)

| Step ❶ preview | Step ❷ sentence | Step ❸ paragraph | Step ❹ exercise |

내용 미리보기 | 오늘 배울 내용입니다. 눈으로 한번 훑어보세요.

The most difficult thing is the decision to act, the rest is merely tenacity. The fears are paper tigers. You can do anything you decide to do. You can act to change and control your life; and the procedure, the process is its own reward.

| Step ❶ preview | Step ❷ sentence | Step ❸ paragraph | Step ❹ exercise |

한 문장씩 따라 말하기 | MP3 음원을 들으면서 한 문장[구]씩 따라 말해보세요.

❶ The most difficult thing is the decision to act,
❷ the rest is merely tenacity.
❸ The fears are paper tigers.
❹ You can do anything you decide to do.
❺ You can act to change and control your life;
❻ and the procedure, the process is its own reward.

---

❶ 가장 어려운 일은 행동하겠다는 결정이다.
❷ 나머지는 그저 집요함일 뿐이다.
❸ 공포는 종이호랑이다.
❹ 하기로 결정한 일은 어떤 일이든 할 수 있다.
❺ 삶을 바꾸고 통제하기 위해 행동할 수 있다.
❻ 그리고 그 절차, 그 과정이 그 자체로 보상이 된다.

---

merely 단지, 그저 tenacity 집요함 paper tiger 종이호랑이 procedure 절차 process 과정 reward 보상

전체 문단 따라 말하기 | MP3 음원을 들으면서 동시에 전체 문단을 따라 말해보세요.

The most difficult thing is the decision to act, the rest is merely tenacity. The fears are paper tigers. You can do anything you decide to do. You can act to change and control your life; and the procedure, the process is its own reward.

가장 어려운 일은 행동하겠다는 결정이다. 나머지는 그저 집요함일 뿐이다. 공포는 종이호랑이다. 하기로 결정한 일은 어떤 일이든 할 수 있다. 삶을 바꾸고 통제하기 위해 행동할 수 있다. 그리고 그 절차, 그 과정이 그 자체로 보상이 된다.

주요 표현 외워 말하기 | 한국어 표현을 보고, 해당하는 영어 표현을 입으로 말해보세요.

❶ 가장 어려운 일은 행동하겠다는 결정이다.
❷ 당신은 하기로 결정한 일은 어떤 일이든 할 수 있다.
❸ 과정이 그 자체로 보상이 된다.

❶ 가장 어려운 일은 행동하겠다는 결정이다. The most difficult thing is the decision to act.
❷ 당신은 하기로 결정한 일은 어떤 일이든 할 수 있다. You can do anything you decide to do.
❸ 과정이 그 자체로 보상이 된다. The process is its own reward.

함께 읽기

아멜리아 에어하트(Amelia Earhart)는 미국의 파일럿이자 작가로, 여성비행사로는 최초로 대서양을 단독 비행했다. 이후 자신의 비행 경험을 책으로 써서 베스트셀러 작가가 되었으며, 퍼듀대학교에서 여성 경력 자문으로 일했다. 적도 주변을 도는 긴 항로를 이용한 세계 비행 프로젝트에 참여했다가 1937년 태평양에서 실종되었다. '종이호랑이'는 중국어에서 영어로 들어온 표현으로, 냉전 시절 마오쩌둥이 미국을 적으로 규정하며 쓴 표현에서 비롯되었다.

Heart is what determines our fate

심장이 우리의 운명을 결정짓는다

- Isabel Allende (이사벨 아옌데: 2008년 TED 강연 〈열정의 이야기(Tales of Passion)〉 중)

| Step ❶ preview | Step ❷ sentence | Step ❸ paragraph | Step ❹ exercise |

내용 미리보기 | 오늘 배울 내용입니다. 눈으로 한번 훑어보세요.

Heart is what drives us and determines our fate. That is what I need for my characters in my books: a passionate heart. I need mavericks, dissidents, adventurers, outsiders and rebels, who ask questions, bend the rules and take risks.

| Step ❶ preview | Step ❷ sentence | Step ❸ paragraph | Step ❹ exercise |

한 문장씩 따라 말하기 | MP3 음원을 들으면서 한 문장[구]씩 따라 말해보세요.

❶ **Heart is what drives us and determines our fate.**
❷ **That is what I need for my characters in my books: a passionate heart.**
❸ **I need mavericks, dissidents, adventurers, outsiders and rebels,**
❹ **who ask questions, bend the rules and take risks.**

---

❶ 심장이 우리를 움직이며 우리의 운명을 결정한다.
❷ 열정적인 심장, 그것이 내 책 속의 등장인물들을 위해 필요한 것이다.
❸ 나는 이단아, 반체제 인사, 모험가, 아웃사이더, 반역자들이 필요하다.
❹ 이들은 질문을 하고, 규칙을 변칙 적용하고, 모험을 무릅쓴다.

---

determine 결정하다 fate 운명 character 등장인물 passionate 열정적인 maverick 이단아
dissident 반체제 인사 rebel 반역자 bend the rules 규칙을 변칙 적용하다 take risks 모험을 무릅쓰다

전체 문단 따라 말하기 | MP3 음원을 들으면서 동시에 전체 문단을 따라 말해보세요.

Heart is what drives us and determines our fate. That is what I need for my characters in my books: a passionate heart. I need mavericks, dissidents, adventurers, outsiders and rebels, who ask questions, bend the rules and take risks.

심장이 우리를 움직이며 우리의 운명을 결정하는 것이다. 열정적인 심장, 그것이 내 책 속의 등장 인물들을 위해 필요한 것이다. 나는 이단아, 반체제 인사, 모험가, 아웃사이더, 반역자들이 필요 하다. 이들은 질문을 하고, 규칙을 변칙 적용하고, 모험을 무릅쓴다.

주요 표현 외워 말하기 | 한국어 표현을 보고, 해당하는 영어 표현을 입으로 말해보세요.

❶ 심장이 우리의 운명을 결정하는 것이다.
❷ 나는 이단아들이 필요하다.
❸ 아웃사이더들이 모험을 무릅쓴다.

❶ 심장이 우리의 운명을 결정하는 것이다. Heart is what determines our fate.
❷ 나는 이단아들이 필요하다. I need mavericks.
❸ 아웃사이더들이 모험을 무릅쓴다. Outsiders take risks.

함께 읽기

이사벨 아옌데(Isabel Allende)는 칠레 출신의 소설가이자 언론인이다. 《영혼의 집》,《야수의 도시》와 같은 환상문학으로 세계적인 명성을 얻었다. 칠레 아옌데 대통령의 친척으로, 복잡한 칠레 정계 가까이에서 성장하며 겪은 일들과 여성의 삶에 대한 통찰을 소설로 승화시켰다. 본문 중 '규칙을 구부리다'는 뜻의 bend the rules는 자신의 이익이나 편의를 위해 규칙을 엿가락처럼 적용할 때 쓰는 표현이다.

Day 047

What a privilege even to be alive

살아 있다는 것조차도 얼마나 큰 특권인가

- Tasha Tudor (타샤 튜더: 그녀의 책 《The Private World of Tasha Tudor》 중)

| Step ❶ preview | Step ❷ sentence | Step ❸ paragraph | Step ❹ exercise |

내용 미리보기 | 오늘 배울 내용입니다. 눈으로 한번 훑어보세요.

Life isn't long enough to do all you could accomplish. And what a privilege even to be alive! In spite of all the pollutions and horrors, how beautiful this world is! Supposing you only saw the stars once every year. Think what you would think. The wonder of it!

| Step ❶ preview | Step ❷ sentence | Step ❸ paragraph | Step ❹ exercise |

한 문장씩 따라 말하기 | MP3 음원을 들으면서 한 문장[구]씩 따라 말해보세요.

❶ Life isn't long enough to do all you could accomplish.
❷ And what a privilege even to be alive!
❸ In spite of all the pollutions and horrors, how beautiful this world is!

❹ Supposing you only saw the stars once every year.
❺ Think what you would think.
❻ The wonder of it!

---

❶ 삶은 할 수 있는 모든 일을 성취할 만큼 충분히 길지 않다.
❷ 그러니 살아 있다는 것조차도 얼마나 대단한 특권인가!
❸ 그 모든 오염과 공포에도 불구하고

이 세상은 얼마나 아름다운지!
❹ 매년 한 번씩만 별들을 본다면 어떨까.
❺ 그러면 어떤 생각을 하게 될지 생각해보라.
❻ 그 경이란!

---

accomplish 달성하다 privilege 특권 pollution 오염 horror 공포 suppose ~라고 가정하다 wonder 경이

전체 문단 따라 말하기 | MP3 음원을 들으면서 동시에 전체 문단을 따라 말해보세요.

Life isn't long enough to do all you could accomplish. And what a privilege even to be alive. In spite of all the pollutions and horrors, how beautiful this world is. Supposing you only saw the stars once every year. Think what you would think. The wonder of it!

삶은 할 수 있는 모든 일을 성취할 만큼 충분히 길지 않다. 그러니 살아 있다는 것조차도 얼마나 대단한 특권인가! 그 모든 오염과 공포에도 불구하고 이 세상은 얼마나 아름다운지! 매년 한 번씩만 별들을 본다면 어떨까. 그러면 어떤 생각을 하게 될지 생각해보라. 그 경이란!

주요 표현 외워 말하기 | 한국어 표현을 보고, 해당하는 영어 표현을 입으로 말해보세요.

❶ 삶은 충분히 길지 않다.
❷ 이 세상은 얼마나 아름다운가!
❸ 매년 한 번씩만 별들을 본다면 어떨까.

❶ 삶은 충분히 길지 않다. Life isn't long enough.
❷ 이 세상은 얼마나 아름다운가! How beautiful this world is!
❸ 매년 한 번씩만 별들을 본다면 어떨까. Supposing you only saw the stars once every year.

함께 읽기

타샤 튜더(Tasha Tudor)는 미국의 동화 작가이자 삽화가로, 백여 권의 책을 쓰고 삽화를 그렸다. 중년 이후 버몬트에 18세기 스타일로 집을 짓고, 정원과 더불어 사는 자연주의 라이프스타일로 미국인들에게 큰 영향을 끼쳤다. 대표작으로 《마더 구스》, 《행복한 사람, 타샤 튜더》, 《타샤의 정원》, 《타샤 튜더, 나의 정원》 등이 있다. 본문의 'supposing ~' 구절은 가정법으로 과거시제 saw가 쓰였으나 과거의 의미는 아니다.

You need people who can tell you what you don't want to hear

듣고 싶지 않은 말을 해줄 수 있는 사람들이 필요하다

- Robert DeNiro (로버트 드 니로: 2003년 〈Esquire〉와의 인터뷰 "What I've Learned" 중)

| Step ❶ **preview** | Step ❷ sentence | Step ❸ paragraph | Step ❹ exercise |

내용 미리보기 | 오늘 배울 내용입니다. 눈으로 한번 훑어보세요.

The hardest thing about being famous is that people are always nice to you. You're in a conversation and everybody's agreeing with what you're saying – even if you say something totally crazy. You need people who can tell you what you don't want to hear.

| Step ❶ preview | Step ❷ **sentence** | Step ❸ paragraph | Step ❹ exercise |

한 문장씩 따라 말하기 | MP3 음원을 들으면서 한 문장[구]씩 따라 말해보세요.

❶ The hardest thing about being famous is that people are always nice to you.
❷ You're in a conversation /
❸ and everybody's agreeing with what you're saying –
❹ even if you say something totally crazy.
❺ You need people who can tell you what you don't want to hear.

---

❶ 유명해지는 데 있어 가장 힘든 것은 사람들이 언제나 친절하다는 점이다.
❷ 대화를 하게 되면
❸ 모두가 당신이 하는 말에 동의하고 있다.
❹ 당신이 설령 정말 미친 소리를 하고 있다고 해도.
❺ 듣고 싶지 않은 말을 해줄 수 있는 사람들이 필요하다.

---

hard 어려운 famous 유명한 conversation 대화 agree with ~에 동의하다 totally 전적으로, 완전히 crazy 미친

전체 문단 따라 말하기 | MP3 음원을 들으면서 동시에 전체 문단을 따라 말해보세요.

The hardest thing about being famous is that people are always nice to you. You're in a conversation and everybody's agreeing with what you're saying – even if you say something totally crazy. You need people who can tell you what you don't want to hear.

유명해지는 데 있어 가장 힘든 점은 사람들이 언제나 친절하다는 점이다. 대화를 하게 되면 모두가 당신이 하는 말에 동의를 하고 있다. 당신이 설령 정말 미친 소리를 하고 있어도 말이다. 듣고 싶지 않은 말을 해줄 수 있는 사람들이 필요하다.

주요 표현 외워 말하기 | 한국어 표현을 보고, 해당하는 영어 표현을 입으로 말해보세요.

❶ 사람들이 당신에게 늘 친절하다.
❷ 나는 대화 중이다.
❸ 모두가 당신이 하는 말에 동의하고 있다.

❶ 사람들이 당신에게 늘 친절하다. People are always nice to you.
❷ 나는 대화 중이다. I'm in a conversation.
❸ 모두가 당신이 하는 말에 동의하고 있다. Everybody is agreeing with what you're saying.

함께 읽기

로버트 드 니로(Robert De Niro)는 미국의 영화배우이자 감독 겸 제작자이다. 1970~1980년대를 대표하는 할리우드의 아이콘으로 불릴 만큼 명연기를 선보인 대배우로 평가받는다. 아카데미상과 골든글로브상을 각각 2회씩 수상했으며, 100여 편에 이르는 영화에 출연하며 작품 활동을 계속하고 있다. 최근에는 영화 〈조커(The Joker)〉에서 토크쇼 호스트로 분해 좋은 연기를 펼쳤다. 이 말은 알 파치노가 한 말로 간혹 잘못 알려져 있기도 하다.

Your true self comes out

당신의 진정한 자아가 드러난다

- Tina Turner (티나 터너: 2014년 〈보그〉 지, 그녀의 75세 생일 축하 기사 중)

| Step ❶ **preview** | Step ❷ sentence | Step ❸ paragraph | Step ❹ exercise |

내용 미리보기 | 오늘 배울 내용입니다. 눈으로 한번 훑어보세요.

Sometimes you've got to let everything go – purge yourself. If you are unhappy with anything…… whatever is bringing you down, get rid of it. Because you'll find that when you're free, your true creativity, your true self comes out.

| Step ❶ preview | Step ❷ **sentence** | Step ❸ paragraph | Step ❹ exercise |

한 문장씩 따라 말하기 | MP3 음원을 들으면서 한 문장[구]씩 따라 말해보세요.

❶ Sometimes you've got to let everything go –
❷ purge yourself.
❸ If you are unhappy with anything……

❹ whatever is bringing you down, get rid of it.
❺ Because you'll find that
❻ when you're free, your true creativity, your true self comes out.

---

❶ 때론 모든 것을 놓아버려야 한다.
❷ 자신을 정화하라.
❸ 어떤 일로 불행하다면

❹ 무엇이 당신을 끌어내리든지 그것을 제거하라.
❺ 왜냐하면 알게 될 것이기 때문이다.
❻ 자유로울 때 당신의 창의성, 당신의 진정한 자아가 드러난다는 것을.

---

let ~ go ~을 놓아버리다 purge 정화하다 bring down 끌어내리다 get rid of ~를 제거하다 creativity 창의성
true self 진정한 자아

전체 문단 따라 말하기 | MP3 음원을 들으면서 동시에 전체 문단을 따라 말해보세요.

Sometimes you've got to let everything go – purge yourself. If you are unhappy with anything…… whatever is bringing you down, get rid of it. Because you'll find that when you're free, your true creativity, your true self comes out.

때론 모든 것을 놓아버려야 한다. 자신을 정화하라. 어떤 일로 불행하다면…… 무엇이 당신을 끌어내리든지 그것을 제거하라. 왜냐하면 자유로울 때 당신의 창의성, 당신의 진정한 자아가 드러난다는 것을 알게 될 것이기 때문이다.

주요 표현 외워 말하기 | 한국어 표현을 보고, 해당하는 영어 표현을 입으로 말해보세요.

❶ 당신은 모든 것을 놓아버려야 한다.
❷ 당신을 끌어내리는 것이 무엇이든지 그것을 제거하라.
❸ 당신의 진정한 자아가 드러난다.

❶ 당신은 모든 것을 놓아버려야 한다. You've got to let everything go.
❷ 당신을 끌어내리는 것이 무엇이든지 그것을 제거하라.
　Whatever is bringing you down, get rid of it.
❸ 당신의 진정한 자아가 드러난다. Your true self comes out

함께 읽기

티나 터너(Tina Turner)는 미국 태생의 스위스 가수 겸 배우이다. 팝, 소울, 리듬앤블루스, 댄스, 로큰롤, 록 등을 다양하게 소화하는 '로큰롤의 여왕'으로, 파워 넘치는 보컬과 화려한 춤으로 사랑 받고 있다. 그래미상 12회 수상, 13회 노미네이트 된 이력을 가지고 있으며, 〈토미〉, 〈라스트 액션 히어로〉 등의 영화에도 출연했다. 본문에서 find 동사는 '찾다'의 의미뿐 아니라 '알게 되다'는 뜻으로도 많이 쓰인다.

Acceptance is a small, quiet room
받아들인다는 것은 작고 조용한 방이다

- Cheryl Strayed (셰릴 스트레이드: 그녀의 책 《Tiny Beautiful Things》 중)

| Step ❶ preview | Step ❷ sentence | Step ❸ paragraph | Step ❹ exercise |

내용 미리보기 | 오늘 배울 내용입니다. 눈으로 한번 훑어보세요.

> Most things will be okay eventually, but not everything will be. Sometimes you'll put up a good fight and lose. Sometimes you'll hold on really hard and realize there is no choice but to let go. Acceptance is a small, quiet room.

| Step ❶ preview | Step ❷ sentence | Step ❸ paragraph | Step ❹ exercise |

한 문장씩 따라 말하기 | MP3 음원을 들으면서 한 문장[구]씩 따라 말해보세요.

❶ Most things will be okay eventually, but not everything will be.
❷ Sometimes you'll put up a good fight and lose.
❸ Sometimes you'll hold on really hard and realize there is no choice but to let go.
❹ Acceptance is a small, quiet room.

---

❶ 대부분의 일은 결국에는 괜찮아질 것이다. 하지만 모든 일이 그렇게 되지는 않을 것이다.
❷ 때로는 용감하게 싸워도 지게 된다.
❸ 때로는 정말로 열심히 버티지만 그냥 놓아버리는 것 외엔 다른 수가 없다는 것을 깨닫게 되기도 한다.
❹ 받아들인다는 것은 작고 조용한 방이다.

---

eventually 결국에는 put up a good fight 용감하게 싸우다 lose 지다 hold on 버티다
but 제외하고는(=except) acceptance 수용, 받아들임

전체 문단 따라 말하기 | MP3 음원을 들으면서 동시에 전체 문단을 따라 말해보세요.

Most things will be okay eventually, but not everything will be. Sometimes you'll put up a good fight and lose. Sometimes you'll hold on really hard and realize there is no choice but to let go. Acceptance is a small, quiet room.

대부분의 일은 결국에는 괜찮아질 것이다. 하지만 모든 일이 그렇게 되지는 않을 것이다. 때로는 용감하게 싸워도 지게 된다. 때로는 정말로 열심히 버티지만 그냥 놓아버리는 것 외엔 다른 수가 없다는 것을 깨닫게 되기도 한다. 받아들인다는 것은 작고 조용한 방이다.

주요 표현 외워 말하기 | 한국어 표현을 보고, 해당하는 영어 표현을 입으로 말해보세요.

❶ 대부분의 일은 결국에는 괜찮아질 것이다.
❷ 당신은 때로는 용감하게 싸워도 지게 된다.
❸ 받아들인다는 것은 작고 조용한 방이다.

❶ 대부분의 일은 결국에는 괜찮아질 것이다. Most things will be okay eventually.
❷ 당신은 때로는 용감하게 싸워도 지게 된다. Sometimes you'll put up a good fight and lose.
❸ 받아들인다는 것은 작고 조용한 방이다. Acceptance is a small, quiet room.

함께 읽기

셰릴 스트레이드(Cheryl Strayed)는 미국의 소설가이자 수필가이다. 미네소타 주립대학을 졸업한 뒤 웨이트리스, 시민단체 회원 및 구급 요원으로 일하며 계속 글을 썼다. 2006년 첫 소설 《토치(Torch)》를 출간하면서 정식으로 작가의 길에 들어섰다. 2012년 출간된 《와일드(Wild)》는 전 세계 40여 개 언어로 번역되었고, 영화로도 만들어졌다. 본문에서 not everything will be 다음에는 okay가 반복에 의해 생략되었다.

Day 051-075

03

Level

Difference between gifts and choices

재능과 선택의 차이

- Jeff Bezos (제프 베조스: 2010년 프린스턴대학교 졸업 연설 중)

| Step ❶ preview | Step ❷ sentence | Step ❸ paragraph | Step ❹ exercise |

내용 미리보기 | 오늘 배울 내용입니다. 눈으로 한번 훑어보세요.

What I want to talk to you about today is the difference between gifts and choices. Cleverness is a gift, kindness is a choice. Gifts are easy – they're given after all. Choices can be hard. You can seduce yourself with your gifts if you're not careful, and if you do, it'll probably be to the detriment of your choices.

한 문장씩 따라 말하기 | MP3 음원을 들으면서 한 문장[구]씩 따라 말해보세요.

❶ What I want to talk to you about today is /

❷ the difference between gifts and choices.

❸ Cleverness is a gift, kindness is a choice.

❹ Gifts are easy – they're given after all.

❺ Choices can be hard.

❻ You can seduce yourself with your gifts if you're not careful,

❼ and if you do, it'll probably be to the detriment of your choices.

---

❶ 오늘 여러분들에게 하고 싶은 말은

❷ 재능과 선택의 차이다.

❸ 영리함은 재능이고 친절함은 선택이다.

❹ 재능은 쉽다. 이것들은 결국 주어진 것이니까.

❺ 선택은 어려울 수 있다.

❻ 주의하지 않으면 재능을 가지고 스스로를 꼬드길 수 있다.

❼ 그렇게 한다면 그건 당신의 선택에 해가 될 것이다.

difference 차이 gift 재능 cleverness 영리함 seduce 유혹하다, 꼬드기다 to the detriment of ~에 손해를 주고

전체 문단 따라 말하기 | MP3 음원을 들으면서 동시에 전체 문단을 따라 말해보세요.

What I want to talk to you about today is the difference between gifts and choices. Cleverness is a gift, kindness is a choice. Gifts are easy – they're given after all. Choices can be hard. You can seduce yourself with your gifts if you're not careful, and if you do, it'll probably be to the detriment of your choices.

오늘 여러분들에게 하고 싶은 말은 재능과 선택의 차이다. 영리함은 재능이고 친절함은 선택이다. 재능은 쉽다. 이것들은 결국 주어진 것이니까. 선택은 어려울 수 있다. 주의하지 않으면 재능을 가지고 스스로를 꼬드길 수 있다. 그렇게 한다면 그건 당신의 선택에 해가 될 것이다.

주요 표현 외워 말하기 | 한국어 표현을 보고, 해당하는 영어 표현을 입으로 말해보세요.

❶ 친절함은 선택이다

❷ 선택은 어려울 수 있다.

❸ 그것은 아마도 당신의 선택에 해가 될 것이다.

---

❶ 친절함은 선택이다. Kindness is a choice.

❷ 선택은 어려울 수 있다. Choices can be hard.

❸ 그것은 아마도 당신의 선택에 해가 될 것이다. It'll probably be to the detriment of your choices.

함께 읽기

제프 베조스(Jeff Bezos)는 아마존닷컴의 설립자이자 CEO이다. 1994년 아마존 닷컴을 설립, 인터넷 상거래를 통한 책 판매에 주력하다가 이제는 다양한 상품을 파는 전 세계적인 사이트로 성장시킨 인물로, 1999년 〈타임〉 지 올해의 인물로 선정되었다. 2000년 블루오리진사를 설립하여 우주여행선 프로젝트를 진행하고 있으며, 2013년에는 〈워싱턴 포스트〉 지를 인수했다. 2018년에는 세계 역사상 최대의 부자로 〈포브스〉 지가 선정하기도 했다. 여기서 gift는 '선물'이라는 뜻도 되지만 '신이 주신 선물'이라는 의미에서 '재능'의 뜻도 포함한다.

I can't stand being a passing fancy

나는 지나가는 환상이 되는 걸 참을 수 없다

- Sylvia Plath (실비아 플라스: 그녀의 일기(1950~1962년) 중)

| Step ❶ **preview** | Step ❷ sentence | Step ❸ paragraph | Step ❹ exercise |

내용 미리보기 | 오늘 배울 내용입니다. 눈으로 한번 훑어보세요.

Yes, I was infatuated with you: I am still. No one has ever heightened such a keen capacity of physical sensation in me. I cut you out because I couldn't stand being a passing fancy. Before I give my body, I must give my thoughts, my mind, my dreams. And you weren't having any of those.

한 문장씩 따라 말하기 | MP3 음원을 들으면서 한 문장[구]씩 따라 말해보세요.

❶ Yes, I was infatuated with you: I am still.

❷ No one has ever heightened such a keen capacity of physical sensation in me.

❸ I cut you out because I couldn't stand being a passing fancy.

❹ Before I give my body, I must give my thoughts, my mind, my dreams.

❺ And you weren't having any of those.

---

❶ 맞다, 나는 당신에게 푹 빠졌다. 여전히 그렇다.

❷ 아무도 내 안에서 그렇게나 강렬한 육체적 감각을 고양했던 이는 없었다.

❸ 난 당신을 끊어냈다. 그저 스쳐 지나가는 환상이 되는 걸 참을 수 없었기 때문이다.

❹ 내 몸을 주기 전에 난 내 생각과 정신과 꿈을 주어야만 한다.

❺ 그리고 당신은 그것들 중 어느 것도 누리려고 하지 않았다.

infatuate 홀딱 반하게 하다, 열광시키다   heighten 고양시키다, 높이다   keen 간절한, 열정적인
capacity 용량, 수용력   sensation 느낌, 감각   cut out 잘라내다, 배제하다   passing 스쳐 지나가는

전체 문단 따라 말하기 | MP3 음원을 들으면서 동시에 전체 문단을 따라 말해보세요.

Yes, I was infatuated with you: I am still. No one has ever heightened such a keen capacity of physical sensation in me. I cut you out because I couldn't stand being a passing fancy. Before I give my body, I must give my thoughts, my mind, my dreams. And you weren't having any of those.

맞아요, 나는 당신에게 푹 빠졌어요. 여전히 그래요. 아무도 내 안에서 그렇게나 강렬한 육체적 감각을 고양했던 이는 없었어요. 난 당신을 끊어냈어요. 그저 스쳐 지나가는 환상이 되는 걸 참을 수 없었기 때문이에요. 내 몸을 주기 전에 난 내 생각과 정신과 꿈을 주어야만 해요. 그리고 당신은 그것들 중 어느 것도 누리려고 하지 않았죠.

주요 표현 외워 말하기 ┃ 한국어 표현을 보고, 해당하는 영어 표현을 입으로 말해보세요.

❶ 나는 당신에게 폭 빠졌었다.
❷ 난 당신을 끊어냈다.
❸ 나는 스쳐 지나가는 환상이 되는 걸 참을 수가 없었다.

---

❶ 나는 당신에게 폭 빠졌었다. I was infatuated with you.
❷ 난 당신을 끊어냈다. I cut you out.
❸ 나는 스쳐 지나가는 환상이 되는 걸 참을 수가 없었다. I couldn't stand being a passing fancy.

함께 읽기

실비아 플라스(Sylvia Plath)는 미국의 시인이자 단편소설가로 어릴 때부터 문학적인 재능을 보였다. 영국의 계관시인 테드 휴즈와 결혼해 런던으로 이주했으나 남편과의 불화와 우울증으로 기록적인 추위로 남은 1963년 가스를 틀고 자살했다. 비극적인 죽음으로 인해 사후 더 큰 명성을 얻었다. 본문의 infatuation은 '홀딱 빠져서 열광하는 상태'를 의미한다. 이는 의지가 개입되는 love와 달리 감정과 본능에 의해 속수무책으로 빠지는 것을 의미한다.

We are as good as it gets

우리는 가능한 만큼 선하다.

- Patrick Stewart (패트릭 스튜어트: 2014년 〈스미소니언(Smithsonian)〉 인터뷰 중)

| Step ❶ preview | Step ❷ sentence | Step ❸ paragraph | Step ❹ exercise |

내용 미리보기 | 오늘 배울 내용입니다. 눈으로 한번 훑어보세요.

I think that for the moment, at least, we are as good as it gets. And the good, the potential good in us is still to be explored······ so that we can become better human beings to ourselves as well as to others. And I sometimes feel we're only at the threshold of those discoveries.

한 문장씩 따라 말하기 | MP3 음원을 들으면서 한 문장[구]씩 따라 말해보세요.

❶ I think that for the moment,

❷ at least, we are as good as it gets.

❸ And the good, the potential good in us is still to be explored……

❹ so that we can become better human beings to ourselves as well as to others.

❺ And I sometimes feel we're only at the threshold of those discoveries.

---

❶ 지금 잠시 동안은 그렇게 생각한다.

❷ 최소한, 우리는 가능한 만큼 선하다고.

❸ 그리고 선(善), 우리 속의 잠재된 선은 여전히 탐구될 게 많다.

❹ 우리가 자신에게나 다른 이들에게 더 나은 인간이 되기 위해서는.

❺ 그리고 때로는 우리가 그러한 발견의 문턱에 서 있을 뿐이라고 생각한다.

for the moment 지금 잠깐 동안은 at least 최소한 as good as it gets 가능한 한도 내에서는 이게 가장 좋은 the good 선(善) potential 잠재적인 explore 탐구하다, 탐험하다 threshold 문턱

전체 문단 따라 말하기 | MP3 음원을 들으면서 동시에 전체 문단을 따라 말해보세요.

I think that for the moment, at least, we are as good as it gets. And the good, the potential good in us is still to be explored…… so that we can become better human beings to ourselves as well as to others. And I sometimes feel we're only at the threshold of those discoveries.

지금 잠시 동안은 최소한 우리는 가능한 만큼 선하다고 생각한다. 그리고 우리가 자신에게나 다른 이들에게 더 나은 인간이 되기 위해서는 선(善), 우리 속의 잠재된 선은 여전히 탐구될 게 많다. 그리고 때로는 우리가 그러한 발견의 문턱에 서 있을 뿐이라고 생각한다.

주요 표현 외워 말하기 | 한국어 표현을 보고, 해당하는 영어 표현을 입으로 말해보세요.

❶ 우리는 가능한 만큼 선하다.
❷ 선은 여전히 탐구될 것이 있다.
❸ 우리는 그 문턱에 서 있을 뿐이다.

- -

❶ 우리는 가능한 만큼 선하다. We are as good as it gets.

❷ 선은 여전히 탐구될 것이 있다. The good is still to be explored.

❸ 우리는 그 문턱에 서 있을 뿐이다. We are only at the threshold.

함께 읽기

패트릭 스튜어트(Patrick Stewart)는 영국의 배우로, 〈스타트렉〉 시리즈의 피카드 선장 역과 〈엑스맨〉 시리즈의 프로페서 X 역으로 유명하다. 2001년 대영제국 훈장을 받았고, 2010년에는 영국 여왕으로부터 기사 작위를 받아 패트릭 스튜어트 경이 되었다. 어린 시절 가정폭력을 겪으며 자란 탓에 현재는 가정폭력 근절을 위한 운동에 적극적으로 참여하고 있다. 본문은 영화 〈엑스맨〉에 대한 질문에 그가 답한 내용이다.

Life is filled with judgments

인생은 판단들로 가득 차 있다

- Henri Nouwen (헨리 나우웬: 그의 신앙 묵상집 《Here and Now: Living in the Spirit》 중)

| Step ❶ preview | Step ❷ sentence | Step ❸ paragraph | Step ❹ exercise |

내용 미리보기 | 오늘 배울 내용입니다. 눈으로 한번 훑어보세요.

As long as we continue to live as if we are what we do, what we have, and what other people think about us, we will remain filled with judgments, opinions, evaluations, and condemnations. We will remain addicted to putting people and things in their "right" place.

한 문장씩 따라 말하기 | MP3 음원을 들으면서 한 문장[구]씩 따라 말해보세요.

❶ As long as we continue to live /

❷ as if we are what we do, what we have, and what other people think about us,

❸ we will remain filled with judgments, opinions, evaluations, and condemnations.

❹ We will remain addicted to putting people and things in their "right" place.

❶ 우리가 계속해서 사는 한

❷ 마치 우리가 하는 일, 우리가 가진 것, 다른 이들이 우리에 대해 생각하는 바가 우리인 듯,

❸ 우리는 계속 판단들, 의견들, 평가들 및 비난들로 가득 차 있게 될 것이다.

❹ 우리는 사람들과 사물들을 "제자리"에 두는 일에 계속 팔려 있을 것이다.

as long as ~하는 한 judgment 판단 opinion 의견 evaluation 평가 condemnation 비난
addicted to ~에 중독된 right 올바른, 제대로인

전체 문단 따라 말하기 | MP3 음원을 들으면서 동시에 전체 문단을 따라 말해보세요.

As long as we continue to live as if we are what we do, what we have, and what other people think about us, we will remain filled with judgments, opinions, evaluations, and condemnations. We will remain addicted to putting people and things in their "right" place.

마치 우리가 하는 일, 우리가 가진 것, 다른 이들이 우리에 대해 생각하는 바가 우리인 듯 계속하여 사는 한, 우리는 계속 판단, 의견, 평가 및 비난으로 가득 차 있게 될 것이다. 우리는 사람들과 사물들을 "제자리"에 두는 일에 팔려서 계속 살아가게 될 것이다.

주요 표현 외워 말하기 | 한국어 표현을 보고, 해당하는 영어 표현을 입으로 말해보세요.

❶ 우리는 우리가 하는 일이다.

❷ 우리는 계속 판단으로 가득 차 있게 될 것이다.

❸ 우리는 계속 중독된 채로 있게 될 것이다.

---

❶ 우리는 우리가 하는 일이다. We are what we do.

❷ 우리는 계속 판단으로 가득 차 있게 될 것이다. We will remain filled with judgments.

❸ 우리는 계속 중독된 채로 있게 될 것이다. We will remain addicted.

함께
읽기

헨리 나우웬(Henry Nouwen)은 네덜란드 출신의 로마 가톨릭 사제이자 작가이다. 대학에서 강의를 하며 39권의 책을 썼고, 그의 책들은 전 세계에서 700만 부 이상 팔렸다. 주로 치유와 영성, 전원생활에 대한 주제로 글을 썼다. 본문 중 as if 다음에는 문법적으로 we were가 오는 것이 맞으나 as if 가정법은 점점 깨지는 상황이라 we are를 쓰기도 한다. as if we are 대신 like we are로 써도 된다.

We shortchange ourselves

우리는 우리 자신을 속인다

- *Sherry Turkle* (세리 터클: 2012년 TED 강연 중)

| Step ❶ **preview** | Step ❷ sentence | Step ❸ paragraph | Step ❹ exercise |

내용 미리보기 | 오늘 배울 내용입니다. 눈으로 한번 훑어보세요.

Human relationships are rich and they're messy and they're demanding. And we clean them up with technology. And when we do, one of the things that can happen is that we sacrifice conversation for mere connection. We shortchange ourselves. And over time, we seem to forget this, or we seem to stop caring.

한 문장씩 따라 말하기 | MP3 음원을 들으면서 한 문장[구]씩 따라 말해보세요.

❶ Human relationships are rich /

❷ and they'e messy and they'e demanding.

❸ And we clean them up with technology

❹ And when we do, one of the things that can happen is /

❺ that we sacrifice conversation for mere connection.

❻ We shortchange ourselves.

❼ And over time, we seem to forget this, or we seem to stop caring.

❶ 인간관계는 풍성하다.

❷ 그러면서도 지저분하고 힘들다.

❸ 그래서 우리는 기술로 그것들을 청소한다.

❹ 그리고 그렇게 할 때 일어날 수 있는 일 중 하나는

❺ 단순한 연결을 위해 대화를 희생한다는 점이다.

❻ 우리는 우리 자신을 속인다.

❼ 그리고 시간이 지나면서 이것을 잊어버리거나 배려하기를 그만두는 것 같다.

relationship 관계 messy 엉망진창인, 지저분한 demanding 힘든, 고된 clean up (청소해서) 치우다
sacrifice 희생하다 connection 연결 shortchange 속이다 over time 시간을 두고

전체 문단 따라 말하기 | MP3 음원을 들으면서 동시에 전체 문단을 따라 말해보세요.

Human relationships are rich and they're messy and they're demanding. And we clean them up with technology. And when we do, one of the things that can happen is that we sacrifice conversation for mere connection. We shortchange ourselves. And over time, we seem to forget this, or we seem to stop caring.

인간관계는 풍성하면서도 지저분하고 힘들다. 그래서 우리는 기술로 인간관계를 청소한다. 그리고 그렇게 할 때 일어날 수 있는 일 중 하나는 단순한 연결을 위해 대화를 희생한다는 점이다. 우리는 우리 자신을 속인다. 그리고 시간이 지나면서 이것을 잊어버리는 것 같다. 아니면 배려 하기를 그만두는 것 같다.

주요 표현 외워 말하기 | 한국어 표현을 보고, 해당하는 영어 표현을 입으로 말해보세요.

❶ 인간관계는 힘들다.

❷ 우리는 단순한 연결을 위해 대화를 희생한다.

❸ 우리는 배려하기를 그만두는 것 같다.

---

❶ 인간관계는 힘들다. Human relationships are demanding.

❷ 우리는 단순한 연결을 위해 대화를 희생한다. We sacrifice conversation for mere connection.

❸ 우리는 배려하기를 그만두는 것 같다. We seem to stop caring.

함께 읽기

셰리 터클(Sherry Turkle)은 하버드에서 사회학, 심리학 박사학위를 받고, 현재 MIT 교수로 있으면서 심리분석과 인간-기술 간의 상호작용을 집중 연구하고 있다. 컴퓨터 같은 테크놀로지가 우리의 사고방식에 어떤 영향을 끼치는지에 대한 책을 집필하며, CNN, NBC, ABC, NPR 등의 방송에도 자주 출연한다. 대표작으로 《외로워지는 사람들》, 《대화를 잃어버린 사람들》이 있다. demanding은 사람과 사물에 모두 쓰는 형용사로 '요구하는 것이 많은' 그래서 '힘들게 하는' 의미로 쓰인다.

Data is the new soil

데이터는 새로운 토양이다

- David McCandless (데이비드 맥캔들리스: 2010년 TED 강연 중)

| Step ❶ preview | Step ❷ sentence | Step ❸ paragraph | Step ❹ exercise |

내용 미리보기 | 오늘 배울 내용입니다. 눈으로 한번 훑어보세요.

Data is the new soil, because for me, it feels like a fertile, creative medium. Over the years, online, we've laid down a huge amount of information and data, and we irrigate it with networks and connectivity, and it's been worked and tilled by unpaid workers and governments.

한 문장씩 따라 말하기 | MP3 음원을 들으면서 한 문장[구]씩 따라 말해보세요.

❶ Data is the new soil,

❷ because for me, it feels like a fertile, creative medium

❸ Over the years, online, we've laid down a huge amount of information and data,

❹ and we irrigate it with networks and connectivity,

❺ and it's been worked and tilled by unpaid workers and governments.

---

❶ 데이터는 새로운 토양이다.

❷ 내게는 그것이 비옥하고 창의적인 매개물로 느껴지기 때문이다.

❸ 여러 해에 걸쳐 우리는 엄청난 양의 정보와 데이터를 온라인으로 축적해왔고,

❹ 그리고 네트워크와 접속으로 그것에 물길을 내주었고,

❺ 그리고 무급 노동자와 정부들이 그것을 경작해왔다.

soil 토양 fertile 비옥한 medium 매체, 매개물 lay down 쌓다, 축적하다 irrigate 관개하다, 물을 대다
connectivity 연결성, 접속성 till 경작하다 unpaid 무급의

전체 문단 따라 말하기 | MP3 음원을 들으면서 동시에 전체 문단을 따라 말해보세요.

Data is the new soil, because for me, it feels like a fertile, creative medium. Over the years, online, we've laid down a huge amount of information and data, and we irrigate it with networks and connectivity, and it's been worked and tilled by unpaid workers and governments.

데이터는 새로운 토양이다. 왜냐하면 내게는 그것이 비옥하고 창의적인 매개물로 느껴지기 때문이다. 여러 해에 걸쳐 우리는 엄청난 양의 정보와 데이터를 온라인으로 축적해왔고, 네트워크와 접속으로 그것에 물길을 내주었으며, 작업자들과 정부들이 무보수로 그것을 일구고 경작해왔다.

주요 표현 외워 말하기 | 한국어 표현을 보고, 해당하는 영어 표현을 입으로 말해보세요.

❶ 그것이 비옥하고 창의적인 매개물로 느껴진다.
❷ 우리는 엄청난 양의 정보를 축적해왔다.
❸ 그것은 무급 노동자들에 의해 경작되어 왔다.

❶ 그것이 비옥하고 창의적인 매개물로 느껴진다. It feels like a fertile, creative medium.
❷ 우리는 엄청난 양의 정보를 축적해왔다. We've laid down a huge amount of information.
❸ 그것은 무급 노동자들에 의해 경작되어 왔다. It's been tilled by unpaid workers.

함께 읽기

데이비드 맥캔들리스(David McCandless)는 영국의 저널리스트이자 디자이너이며, TED 강의로 유명세를 얻었다. 'Information Is Beautiful'이라는 블로그로 유명하며, 그의 작품은 영국 런던에 있는 국립 미술관인 테이트 갤러리를 비롯한 유수의 갤러리에 전시되거나 출판물에 실렸다. 본문 중 irrigate 동사만 단순 현재 시제인데, 문법적으로는 현재완료 시제인 we've irrigated it을 쓰는 게 맞다. 연설문에서는 종종 연사 특유의 말버릇에서 오는 문법적 오류가 있기도 하다.

He will know
he has been alive

그는 자신이 쭉 살아 있었다는 것을 알게 될 것이다

- Walt Disney (월트 디즈니: 《Walt Disney, Magician of the Movies》 중)

| Step ❶ **preview** | Step ❷ **sentence** | Step ❸ **paragraph** | Step ❹ **exercise** |

내용 미리보기 | 오늘 배울 내용입니다. 눈으로 한번 훑어보세요.

A person should set his goals as early as he can and devote all his energy and talent to getting there. With enough effort, he may achieve it. Or he may find something that is even more rewarding. But in the end, no matter what the outcome, he will know he has been alive.

한 문장씩 따라 말하기 | MP3 음원을 들으면서 한 문장[구]씩 따라 말해보세요.

❶ A person should set his goals as early as he can /

❷ and devote all his energy and talent to getting there.

❸ With enough effort, he may achieve it.

❹ Or he may find something that is even more rewarding.

❺ But in the end, no matter what the outcome, he will know he has been alive.

---

❶ 사람은 가능한 한 일찍 자신의 목표를 세워야 한다.

❷ 그리고 자신의 모든 에너지와 재능을 거기에 도달하는 데 쏟아야 한다.

❸ 충분히 노력하면 목표를 달성할지도 모른다.

❹ 아니면 훨씬 더 보람된 무언가를 찾아낼지도 모른다.

❺ 그러나 결국엔 결과가 무엇이든 간에 자신이 쭉 살아 있었다는 것을 알게 될 것이다.

set a goal 목표를 정하다 devote 헌신하다 talent 재능 rewarding 보람된 in the end 결국 outcome 결과물

전체 문단 따라 말하기 | MP3 음원을 들으면서 동시에 전체 문단을 따라 말해보세요.

A person should set his goals as early as he can and devote all his energy and talent to getting there. With enough effort, he may achieve it. Or he may find something that is even more rewarding. But in the end, no matter what the outcome, he will know he has been alive.

사람은 가능한 한 일찍 자신의 목표를 세워야 하고 자신의 모든 에너지와 재능을 목표에 도달하는 데 쏟아야 한다. 충분히 노력하면 목표를 달성할지도 모른다. 아니면 훨씬 더 보람된 무언가를 찾아낼지도 모른다. 그러나 결국엔 결과가 무엇이든 간에 자신이 쭉 살아 있었다는 것을 알게 될 것이다.

주요 표현 외워 말하기 | 한국어 표현을 보고, 해당하는 영어 표현을 입으로 말해보세요.

❶ 사람은 자신의 목표를 세워야 한다.
❷ 그는 훨씬 더 보람된 무언가를 찾아낼지도 모른다.
❸ 그는 자신이 쭉 살아 있었다는 것을 알게 될 것이다.

- -

❶ 사람은 자신의 목표를 세워야 한다. A person should set his goal.
❷ 그는 훨씬 더 보람된 무언가를 찾아낼지도 모른다.
   He may find something that is even more rewarding.
❸ 그는 자신이 쭉 살아 있었다는 것을 알게 될 것이다. He will know he has been alive.

함께
읽기

월트 디즈니(Walt Disney)는 미국의 애니메이션 영화감독이자 제작자 및 사업
가이다. 전 세계적으로 사랑 받는 캐릭터 미키 마우스와 도날드 덕을 탄생시켰
으며, 디즈니 스튜디오를 설립해 많은 만화영화와 영화를 제작했다. 디즈니랜
드라는 오락시설도 설립, 세계 최고의 엔터테인먼트 사업으로 키워낸 20세기
의 가장 대표적인 인물이다. 본문의 no matter what the outcome 뒤에는 will
be가 생략되어 있다.

Invest in yourself
자신에게 투자하라

- *Martha Stewart* (마사 스튜어트: 그녀의 책 《The Martha Rules》 중)

| Step ❶ **preview** | Step ❷ **sentence** | Step ❸ **paragraph** | Step ❹ **exercise** |

내용 미리보기 | 오늘 배울 내용입니다. 눈으로 한번 훑어보세요.

Once you realize that you have identified a passion, invest in yourself. Figure out what you need to know, what kind of experience and expertise you need to develop to do the things that you feel in your heart you will enjoy and that will sustain you both mentally and economically.

한 문장씩 따라 말하기 | MP3 음원을 들으면서 한 문장[구]씩 따라 말해보세요.

❶ Once you realize that you have identified a passion,

❷ invest in yourself.

❸ Figure out what you need to know,

❹ what kind of experience and expertise you need to develop to do the things /

❺ that you feel in your heart you will enjoy /

❻ and that will sustain you both mentally and economically

- -

❶ 일단 열정을 찾았다는 것을 깨달으면

❷ 자신에게 투자하라.

❸ 무엇을 알아야 하는지 알아내라.

❹ 그리고 그러한 일들을 하기 위해 어떤 종류의 경험과 전문 지식을 길러야 하는지를

❺ 마음속으로 즐겁다고 느끼게 해주고

❻ 당신을 정신적으로 그리고 경제적으로 지탱하게 해주는 것으로.

identify 식별하다, 찾아내다   passion 열정   invest in ~에 투자하다   figure out 헤아리다, 알아내다
expertise 전문지식   sustain 유지하다, 지속시키다   mentally 정신적으로   economically 경제적으로

전체 문단 따라 말하기 | MP3 음원을 들으면서 동시에 전체 문단을 따라 말해보세요.

Once you realize that you have identified a passion, invest in yourself. Figure out what you need to know, what kind of experience and expertise you need to develop to do the things that you feel in your heart you will enjoy and that will sustain you both mentally and economically.

- -

일단 열정을 찾았다는 것을 깨달으면 자신에게 투자하라. 마음속으로 즐겁다고 느끼게 해주고, 당신을 정신적·경제적으로 지탱하게 해주는 일들을 하기 위해 무엇을 알아야 하는지, 그리고 어떤 종류의 경험과 전문 지식을 길러야 하는지를 알아내라.

주요 표현 외워 말하기 | 한국어 표현을 보고, 해당하는 영어 표현을 입으로 말해보세요.

❶ 자신에게 투자하라.

❷ 당신이 무엇을 알아야 하는지 알아내라.

❸ 당신에게 어떤 종류의 경험이 필요한지 알아내라.

---

❶ 자신에게 투자하라. Invest in yourself.

❷ 당신이 무엇을 알아야 하는지 알아내라. Figure out what you need to know.

❸ 당신에게 어떤 종류의 경험이 필요한지 알아내라. Figure out what kind of experience you need.

**함께
읽기**

마사 스튜어트(Martha Stewart)는 살림이라는 주부들의 일상을 비즈니스로 끌어올린 입지전적인 인물로, 전 세계 주부들의 살림 롤모델로 통하는 여성 기업인이다. 요리, 원예, 수예, 실내 장식 등 생활 전반을 제안하는 라이프 코디네이터로 활약하며 '가정 살림 최고 권위자', '살림의 여왕'으로 인정받고 있다. 사업적인 성공에 매진하다가 2002년 내부자 거래 혐의로 구속되어 3년간 복역하기도 했다. 본문에서 feel ~ in your heart는 '~ 을 진심으로 느낀다'는 의미도 있다.

Fame is really strange

명성이란 정말로 이상하다

- *Matt Damon* (맷 데이먼: 2013년 《가디언(The Guardian)》 지 인터뷰 중)

| Step ❶ preview | Step ❷ sentence | Step ❸ paragraph | Step ❹ exercise |

내용 미리보기 | 오늘 배울 내용입니다. 눈으로 한번 훑어보세요.

Fame is really strange. One day you're not famous, and then the next day you are, and the odd thing is that you know intellectually that nothing in the world is different. What mattered to you yesterday are the same things that matter today, and the rules all still apply – yet everyone looks at you differently.

한 문장씩 따라 말하기 | MP3 음원을 들으면서 한 문장[구]씩 따라 말해보세요.

❶ Fame is really strange.

❷ One day you're not famous, and then the next day you are,

❸ and the odd thing is that you know intellectually that nothing in the world is different.

❹ What mattered to you yesterday are the same things that matter today,

❺ and the rules all still apply –

❻ yet everyone looks at you differently

---

❶ 명성이란 정말로 이상하다.

❷ 하루는 유명하지 않았는데, 그러다 다음날에는 유명해진다.

❸ 이상한 건 세상 어떤 것도 달라지지 않았다는 걸 머릿속으로 알고 있다는 점이다.

❹ 어제 당신에게 중요했던 일은 오늘도 똑같이 중요하다.

❺ 그리고 그 규칙들은 전부 여전히 적용된다.

❻ 그런데 모든 이가 당신을 다르게 쳐다보고 있다.

fame 명성   odd 기묘한, 이상한   intellectually 머릿속으로   matter 중요하다   apply 적용되다   yet 그러나

전체 문단 따라 말하기 | MP3 음원을 들으면서 동시에 전체 문단을 따라 말해보세요.

Fame is really strange. One day you're not famous, and then the next day you are, and the odd thing is that you know intellectually that nothing in the world is different. What mattered to you yesterday are the same things that matter today, and the rules all still apply – yet everyone looks at you differently.

명성이란 정말로 이상하다. 유명하지 않다가도 하루아침에 유명해진다. 이상한 건 세상의 그 어떤 것도 달라지지 않았다는 걸 머릿속으로 알고 있다는 점이다. 어제 당신에게 중요했던 일은 오늘도 똑같이 중요하고, 규칙들은 전부 여전히 적용된다. 그런데 모든 이가 당신을 다르게 쳐다보고 있다.

주요 표현 외워 말하기 | 한국어 표현을 보고, 해당하는 영어 표현을 입으로 말해보세요.

❶ 명성은 정말로 이상하다.
❷ 세상의 어떤 것도 다르지 않다.
❸ 그 규칙들은 모두 여전히 적용된다.

---

❶ 명성은 정말로 이상하다. Fame is really strange.
❷ 세상의 어떤 것도 다르지 않다. Nothing in the world is different.
❸ 그 규칙들은 모두 여전히 적용된다. The rules all still apply.

함께 읽기

맷 데이먼(Matt Damon)은 미국의 배우이자 시나리오 작가, 영화 제작자이자 자선활동가이다. 어려서부터 각별한 사이였던 친구이자 동료 배우 벤 애플렉과 함께 각본을 쓴 영화 〈굿 윌 헌팅〉으로 온갖 상을 휩쓸며 스타덤에 올랐다. 이후 할리우드에서 경력을 쌓으며 연기자 겸 영화 제작자로 명성을 떨치고 있다. 본문의 the next day you are 뒤에는 famous가 반복에 의해 생략되어 있다.

Day 060

People can be taught to love
사람들은 사랑하는 법을 배울 수 있다

- *Nelson Mandela* (넬슨 만델라: 그의 책 《자유로의 긴 여정》 중)

| Step ❶ preview | Step ❷ sentence | Step ❸ paragraph | Step ❹ exercise |

내용 미리보기 | 오늘 배울 내용입니다. 눈으로 한번 훑어보세요.

No one is born hating another person because of the color of his skin, or his background, or his religion. People must learn to hate, and if they can learn to hate, they can be taught to love, for love comes more naturally to the human heart than its opposite.

한 문장씩 따라 말하기 | MP3 음원을 들으면서 한 문장[구]씩 따라 말해보세요.

❶ No one is born hating another person /

❷ because of the color of his skin, or his background, or his religion.

❸ People must learn to hate,

❹ and if they can learn to hate, they can be taught to love,

❺ for love comes more naturally to the human heart than its opposite.

❶ 그 누구도 다른 이를 미워하며 태어나지 않는다.
❷ 피부색이나 배경이나 종교를 이유로.
❸ 사람들은 미워하는 법을 배우는 게 틀림없다.
❹ 그리고 미워하는 법을 배울 수 있다면 사랑하는 법도 배울 수 있다.
❺ 왜냐하면 사랑은 그 반대쪽보다는 사람의 심장에 더 자연스레 찾아오기 때문이다.

hate 증오하다, 미워하다 religion 종교 naturally 자연스럽게 for 왜냐하면 opposite 반대편, 반대쪽

전체 문단 따라 말하기 | MP3 음원을 들으면서 동시에 전체 문단을 따라 말해보세요.

No one is born hating another person because of the color of his skin, or his background, or his religion. People must learn to hate, and if they can learn to hate, they can be taught to love, for love comes more naturally to the human heart than its opposite.

그 누구도 피부색이나 배경 또는 종교를 이유로 날 때부터 다른 이를 미워하는 사람은 없다. 사람들은 미워하는 법을 배우는 게 틀림없다. 그리고 미워하는 법을 배울 수 있다면 사랑하는 법도 배울 수 있다. 왜냐하면 사랑은 그 반대쪽(미움)보다는 사람의 심장에 더 자연스레 찾아오기 때문이다.

주요 표현 외워 말하기 | 한국어 표현을 보고, 해당하는 영어 표현을 입으로 말해보세요.

❶ 그 누구도 다른 이를 미워하며 태어나지 않는다.
❷ 사람들은 미워하는 법을 배우는 게 틀림없다.
❸ 사람들은 사랑하는 법을 배울 수 있다.

- -

❶ 그 누구도 다른 이를 미워하며 태어나지 않는다. No one is born hating another person.
❷ 사람들은 미워하는 법을 배우는 게 틀림없다. People must learn to hate.
❸ 사람들은 사랑하는 법을 배울 수 있다. People can be taught to love.

함께 읽기

넬슨 만델라(Nelson Mandela)는 남아프리카공화국 최초의 흑인대통령이자 흑인인권운동가로, 1993년 노벨평화상을 수상했다. 변호사로 활동하다가 아프리카 민족회의의 수장으로 반 아파르트헤이트 정책에 반대하다가 체포되어 종신형을 선고받았으나 27년간 편지를 써서 인권 운동을 펼친 결과 '인종 차별 정책' 폐지를 이끌어냈다. 《자유로의 긴 여정》이라는 저서를 남겼는데, 본문은 이 책의 한 구절이다. learn과 be taught는 둘 다 '배우다'라는 의미이다.

To be vulnerable
취약함을 드러내기

- *Brene Brown* (브레네 브라운: 2012년 TED 강연 중)

| Step ❶ preview | Step ❷ sentence | Step ❸ paragraph | Step ❹ exercise |

내용 미리보기 | 오늘 배울 내용입니다. 눈으로 한번 훑어보세요.

Vulnerability is not weakness. I define vulnerability as emotional risk, exposure, uncertainty. It fuels our daily lives. And I've come to the belief – this is my 12th year doing this research – that vulnerability is our most accurate measurement of courage – to be vulnerable, to let ourselves be seen, to be honest.

한 문장씩 따라 말하기 | MP3 음원을 들으면서 한 문장[구]씩 따라 말해보세요.

❶ Vulnerability is not weakness.
❷ I define vulnerability as emotional risk, exposure, uncertainty.
❸ It fuels our daily lives.
❹ And I've come to the belief –
❺ this is my 12th year doing this research –
❻ that vulnerability is our most accurate measurement of courage –
❼ to be vulnerable, to let ourselves be seen, to be honest.

❶ 취약하다는 것은 약점이 아니다.
❷ 나는 취약함을 정서적인 위험, 노출, 불확실성이라 정의한다.
❸ 이는 우리 일상의 삶에 연료를 공급해준다.
❹ 나는 이러한 믿음에 도달하게 되었다.
❺ 내가 이 연구를 한 지 12년째이다.
❻ 취약성이 용기의 가장 정확한 지표라는 것이라는
❼ 취약해진다는 것은 자신을 드러내는 것, 정직해지는 것을 말한다.

vulnerability 취약점 weakness 약점 define 정의하다 emotional 감정의 exposure 노출 uncertainty 불확실성 fuel 연료를 공급하다, 부채질하다 research 연구 accurate 정확한 measurement 측정 honest 정직한

전체 문단 따라 말하기 | MP3 음원을 들으면서 동시에 전체 문단을 따라 말해보세요.

Vulnerability is not weakness. I define vulnerability as emotional risk, exposure, uncertainty. It fuels our daily lives. And I've come to the belief – this is my 12th year doing this research – that vulnerability is our most accurate measurement of courage – to be vulnerable, to let ourselves be seen, to be honest.

취약하다는 것은 약점이 아니다. 나는 취약함을 정서적인 위험, 노출, 불확실성이라 정의한다. 이는 우리 일상의 삶에 연료를 공급해준다. 나는 이러한 취약성이 용기의 가장 정확한 지표라는 믿음에 도달하게 되었다. 이 연구를 한 지 12년째이다. 취약해진다는 것은 자신을 드러내는 것, 정직해지는 것을 말한다.

주요 표현 외워 말하기 | 한국어 표현을 보고, 해당하는 영어 표현을 입으로 말해보세요.

❶ 취약하다는 것은 약점이 아니다.

❷ 나는 이러한 믿음에 도달하게 되었다.

❸ (내가) 이 연구를 한 지 12년째이다.

---

❶ 취약하다는 것은 약점이 아니다. Vulnerability is not weakness.

❷ 나는 이러한 믿음에 도달하게 되었다. I've come to the belief.

❸ (내가) 이 연구를 한 지 12년째이다. This is my 12th year doing this research.

함께 읽기

브레네 브라운(Brene Brown)은 휴스턴대학교 사회복지 대학원의 연구교수로 취약성, 용기, 가치 있음, 수치 등을 연구해왔다. 《불완전함의 힘》이라는 저서로 〈뉴욕 타임스〉 베스트셀러에 올랐으며, TED 등에 출연해서 대중 연설로도 이름을 떨치고 있다. vulnerability는 한국어로 번역하기 어려운 단어 중 하나인데, '상처 받기 쉬움'이라는 뜻에 가깝다. 그런 맥락에서 '연약함' 혹은 '취약함'으로 이해하면 좋다.

The secret to life

삶의 비결

- Susan Cain (수전 케인: 그녀의 책 《콰이어트》 중)

| Step ❶ preview | Step ❷ sentence | Step ❸ paragraph | Step ❹ exercise |

내용 미리보기 | 오늘 배울 내용입니다. 눈으로 한번 훑어보세요.

The secret to life is to put yourself in the right lighting. For some, it's a Broadway spotlight; for others, a lamplit desk. Use your natural powers – of persistence, concentration, and insight – to do work you love and work that matters. Solve problems, make art, think deeply.

한 문장씩 따라 말하기 | MP3 음원을 들으면서 한 문장[구]씩 따라 말해보세요.

❶ The secret to life is to put yourself in the right lighting.

❷ For some, it's a Broadway spotlight;

❸ for others, a lamplit desk.

❹ Use your natural powers – of persistence, concentration, and insight –

❺ to do work you love and work that matters.

❻ Solve problems, make art, think deeply.

---

❶ 삶의 비결은 올바른 조명 아래에 자신을 두는 것이다.

❷ 어떤 이들에게는 그게 브로드웨이의 스포트라이트이다.

❸ 다른 이들에게는 그게 램프가 밝혀진 책상이다.

❹ 타고난 끈기와 집중과 통찰의 능력을 사용하라.

❺ 사랑하는 일과 중요한 일을 하기 위해서.

❻ 문제를 해결하고, 예술을 창작하고, 깊이 생각하라.

lighting 조명 spotlight 스포트라이트, 각광 lamplit 램프가 켜진, 램프불이 밝혀진 persistence 끈기 concentration 집중 insight 통찰 matter 중요하다

전체 문단 따라 말하기 | MP3 음원을 들으면서 동시에 전체 문단을 따라 말해보세요.

The secret to life is to put yourself in the right lighting. For some, it's a Broadway spotlight; for others, a lamplit desk. Use your natural powers – of persistence, concentration, and insight – to do work you love and work that matters. Solve problems, make art, think deeply.

삶의 비결은 올바른 조명 아래에 자신을 두는 것이다. 어떤 이들에게는 그것이 브로드웨이의 스포트라이트일 것이고, 다른 이들에게는 램프가 밝혀진 책상일 것이다. 사랑하는 일과 중요한 일을 하기 위해서 타고난 끈기와 집중과 통찰의 능력을 사용하라. 문제를 해결하고, 예술을 창작하고, 깊이 생각하라.

주요 표현 외워 말하기 | 한국어 표현을 보고, 해당하는 영어 표현을 입으로 말해보세요.

❶ 삶의 비결은 올바른 조명 아래에 당신 자신을 두는 것이다.
❷ 당신의 타고난 끈기와 집중과 통찰의 능력을 사용하라.
❸ 문제를 해결하고, 예술을 창작하고, 깊이 생각하라.

---

❶ 삶의 비결은 올바른 조명 아래에 당신 자신을 두는 것이다.
The secret to life is to put yourself in the right lighting.
❷ 당신의 타고난 끈기와 집중과 통찰의 능력을 사용하라.
Use your natural powers of persistence, concentration, and insight.
❸ 문제를 해결하고, 예술을 창작하고, 깊이 생각하라. Solve problems, make art, think deeply.

함께 읽기

수전 케인(Susan Cain)은 프린스턴과 하버드 법대를 우등으로 졸업하고 기업과 대학에서 협상기법을 가르치는 변호사였다. 하지만 자신의 내성적인 성격이 변호사라는 직업과 어울리지 않는다고 생각, 작가의 길로 들어섰다. 그리고 7년간의 집필 끝에 발간한 《콰이어트(Quiet)》는 시사주간지 〈타임〉의 커버를 장식하는 등 주요 언론과 미국 사회의 집중 조명을 받으며 베스트셀러가 되었다. lamplit에서 lit은 light(불을 밝히다) 동사의 과거분사로 lamplit은 '램프가 밝혀진'이라는 뜻이 된다.

Leading vs. being the leader
리더 노릇과 리더가 되는 것

- Simon Sinek (사이먼 사이넥: 그의 책 《Why로 시작하라》 중)

| Step ❶ **preview** | Step ❷ sentence | Step ❸ paragraph | Step ❹ exercise |

내용 미리보기 | 오늘 배울 내용입니다. 눈으로 한번 훑어보세요.

Leading is not the same as being the leader. Being the leader means you hold the highest rank, either by earning it, good fortune or navigating internal politics. Leading, however, means that others willingly follow you – not because they have to, not because they are paid to, but because they want to.

한 문장씩 따라 말하기 | MP3 음원을 들으면서 한 문장[구]씩 따라 말해보세요.

❶ Leading is not the same as being the leader.

❷ Being the leader means you hold the highest rank

❸ either by earning it, good fortune or navigating internal politics.

❹ Leading, however, means that others willingly follow you –

❺ not because they have to, not because they are paid to, but because they want to.

---

❶ 리더 노릇은 리더가 되는 것과 같지 않다.

❷ 리더가 되는 것은 가장 높은 서열에 자리하고 있음을 의미한다.

❸ 그 자리를 노력해서 얻었건 운이 좋았건 아니면 내부 정치를 잘 운용한 덕분이건 간에.

❹ 그러나 리더 노릇은 다른 이들이 기꺼이 당신을 따르는 것을 의미한다.

❺ 그들이 그래야만 해서 혹은 그러라고 돈을 받아서가 아니라, 그리고 싶어서 따르는 것을 의미한다.

rank 서열 earn 얻다 fortune 운 navigate 항해하다, 운항하다 internal 얻다 politics 정치 willingly 기꺼이

전체 문단 따라 말하기 | MP3 음원을 들으면서 동시에 전체 문단을 따라 말해보세요.

Leading is not the same as being the leader. Being the leader means you hold the highest rank, either by earning it, good fortune or navigating internal politics. Leading, however, means that others willingly follow you – not because they have to, not because they are paid to, but because they want to.

리더 노릇은 리더가 되는 것과 같지 않다. 리더가 되는 것은 가장 높은 서열에 자리하고 있음을 의미한다. 그 자리는 노력해서 얻은 것일 수도 있고, 운이 좋았거나 내부 정치를 잘 운용한 덕분일 수도 있다. 그러나 리더 노릇은 다른 이들이 기꺼이 당신을 따르는 것을 의미한다. 그래야만 해서 혹은 그러라고 돈을 받아서가 아니라 그리고 싶어서 따르는 것이다.

주요 표현 외워 말하기 | 한국어 표현을 보고, 해당하는 영어 표현을 입으로 말해보세요.

❶ 리더 노릇과 리더가 되는 것은 같지 않다.
❷ 당신이 가장 높은 서열에 자리하고 있다.
❸ 다른 이들이 기꺼이 당신을 따른다.

---

❶ 리더 노릇과 리더가 되는 것은 같지 않다. Leading is not the same as being the leader.
❷ 당신이 가장 높은 서열에 자리하고 있다. You hold the highest rank.
❸ 다른 이들이 기꺼이 당신을 따른다. Others willingly follow you.

함께 읽기

사이먼 사이넥(Simon Sinek)은 《골든 서클》, 《Why로 시작하라》라는 리더십 저서와 〈위대한 리더들이 행동을 끌어내는 법〉이라는 TED 강연으로 유명한 강연자이다. 전략 커뮤니케이션 전문가로도 이름이 알려져 있다. 본문 중 either 이하는 by earning ~, by good fortune ~, by navigating ~의 세 가지 옵션이 either로 연결되고 있다. either가 두 가지 옵션을 연결하는 말이라 문법적으로는 오류이므로, either를 빼도 무방하다.

Day 064

Impossible is not a fact
불가능은 사실이 아니다

- John C. Maxwell (존 맥스웰: 그의 책 《The Difference Maker》 중)

| Step ❶ preview | Step ❷ sentence | Step ❸ paragraph | Step ❹ exercise |

내용 미리보기 | 오늘 배울 내용입니다. 눈으로 한번 훑어보세요.

Impossible is just a big word thrown around by small men who find it easier to live in the world they've been given than to explore the power they have to change it. Impossible is not a fact. It's an opinion. Impossible is not a declaration. It's a dare. Impossible is potential. Impossible is temporary. Impossible is nothing.

한 문장씩 따라 말하기 | MP3 음원을 들으면서 한 문장[구]씩 따라 말해보세요.

❶ Impossible is just a big word

❷ thrown around by small men who find it easier

❸ to live in the world they've been given /

❹ than to explore the power they have to change it.

❺ Impossible is not a fact. It's an opinion.

❻ Impossible is not a declaration. It's a dare.

❼ Impossible is potential. Impossible is temporary. Impossible is nothing.

❶ 불가능은 그저 과장된 말일 뿐이다.

❷ 그것이 더 쉽다는 것을 아는 미약한 인간들이 던져놓은 말일 뿐이다.

❸ 주어진 세상에서 사는 것이

❹ 세상을 바꾸기 위해 가지고 있는 힘을 탐구하는 것보다.

❺ 불가능은 사실이 아니다. 의견이다.

❻ 불가능은 선언이 아니다. 모험이다.

❼ 불가능은 잠재적이다. 불가능은 일시적이다. 불가능은 아무것도 아니다.

thrown 던져진 pinion 의견 declaration 선언 dare 모험, 도전 potential 잠재성 temporary 일시적인

전체 문단 따라 말하기 | MP3 음원을 들으면서 동시에 전체 문단을 따라 말해보세요.

Impossible is just a big word thrown around by small men who find it easier to live in the world they've been given than to explore the power they have to change it. Impossible is not a fact. It's an opinion. Impossible is not a declaration. It's a dare. Impossible is potential. Impossible is temporary. Impossible is nothing.

불가능은 주어진 세상에서 사는 것이 세상을 바꾸기 위해 가지고 있는 힘을 탐구하는 것보다 더 쉽다는 것을 아는 미약한 인간들이 던져놓은 그저 과장된 말일 뿐이다. 불가능은 사실이 아니다. 의견이다. 불가능은 선언이 아니다. 모험이다. 불가능은 잠재적이다. 불가능은 일시적이다. 불가능은 아무것도 아니다.

주요 표현 외워 말하기 | 한국어 표현을 보고, 해당하는 영어 표현을 입으로 말해보세요.

❶ 불가능은 사실이 아니다. 의견이다.
❷ 불가능은 선언이 아니다. 모험이다
❸ 불가능은 아무것도 아니다.

❶ 불가능은 사실이 아니다. 의견이다. Impossible is not a fact. It's an opinion.
❷ 불가능은 선언이 아니다. 모험이다. Impossible is not a declaration. It's a dare.
❸ 불가능은 아무것도 아니다. Impossible is nothing.

함께 읽기

존 맥스웰(John C. Maxwell)은 미국의 저자이자 강연가 겸 목사이다. 인조이와 이큅 리더십 컨설팅 그룹을 설립하여 30년이 넘게 포춘 500대 기업의 리더를 비롯한 각국 정부 지도자들을 상대로 활발한 강연 활동을 펼치고 있다. 리더십 분야의 많은 책을 저술했으며, 대표작으로 《리더십 불변의 법칙》, 《사람은 무엇으로 성장하는가》 등이 있다. 본문에서 impossible은 형용사보다는 '불가능'으로 해석하는 게 좋다.

Far more pain in hiding in the shadows

그림자 속에 숨는 데 더 많은 고통이 있다

- *Ted Cruz* (테드 크루즈: 2013년, 21시간에 걸친 상원의회 필리버스터 연설 중)

| Step ❶ preview | Step ❷ sentence | Step ❸ paragraph | Step ❹ exercise |

내용 미리보기 | 오늘 배울 내용입니다. 눈으로 한번 훑어보세요.

I will stay standing here after 14hours. Standing on your feet, there's sometimes some pain, sometimes some fatigue that is involved. But you know what? There's far more pain involved in rolling over...... far more pain in hiding in the shadows, far more pain in not standing for principle, not standing for the good, not standing for integrity.

한 문장씩 따라 말하기 | MP3 음원을 들으면서 한 문장[구]씩 따라 말해보세요.

❶ I will stay standing here after 14hours.
❷ Standing on your feet, there's sometimes some pain,
❸ sometimes some fatigue that is involved.
❹ But you know what? There's far more pain involved in rolling over……
❺ far more pain in hiding in the shadows,
❻ far more pain in not standing for principle,
❼ not standing for the good, not standing for integrity.

---

❶ 14시간이 지나도 나는 계속 여기에 서 있을 것이다.
❷ 자기 발로 서 있으면 때론 고통이 있다.
❸ 때론 그 와중에 피로도 생긴다.
❹ 하지만 아는가? 굴러다니는 데 훨씬 더 많은 고통이 따른다는 걸.
❺ 그림자 속에 숨을 때 훨씬 더 많은 고통이 있고
❻ 원칙을 옹호하지 않을 때 훨씬 더 많은 고통이 있고,
❼ 선을 옹호하지 않고 진실을 옹호하지 않을 때도 그렇다는 걸

fatigue 피로 involve 수반하다 roll over 구르다 stand for 옹호하다 principle 원칙 integrity 진실성

전체 문단 따라 말하기 | MP3 음원을 들으면서 동시에 전체 문단을 따라 말해보세요.

I will stay standing here after 14hours. Standing on your feet, there's sometimes some pain, sometimes some fatigue that is involved. But you know what? There's far more pain involved in rolling over…… far more pain in hiding in the shadows, far more pain in not standing for principle, not standing for the good, not standing for integrity.

14시간이 지나도 나는 계속 여기에 서 있을 것이다. 자기 발로 서 있으면 때론 고통이 있다. 때론 그 와중에 피로도 생긴다. 하지만 아는가? 굴러다니는 데 훨씬 더 많은 고통이 따른다는 걸. 그림자 속에 숨을 때 훨씬 더 많은 고통이 있고, 원칙을 옹호하지 않을 때 훨씬 더 많은 고통이 있고, 선을 옹호하지 않고 진실을 옹호하지 않을 때도 그렇다.

주요 표현 외워 말하기 | 한국어 표현을 보고, 해당하는 영어 표현을 입으로 말해보세요.

❶ 난 여기에 계속 서 있을 것이다

❷ 그림자 속에 숨는 데 훨씬 더 많은 고통이 있다.

❸ 원칙을 옹호하지 않는 데 훨씬 더 많은 고통이 있다.

----

❶ 난 여기에 계속 서 있을 것이다. I will stay standing here.

❷ 그림자 속에 숨는 데 훨씬 더 많은 고통이 있다. There's far more pain in hiding in the shadows.

❸ 원칙을 옹호하지 않는 데 훨씬 더 많은 고통이 있다.
There's far more pain in not standing for principle.

함께 읽기

테드 크루즈(Ted Cruz)는 미국의 공화당 소속 정치인으로, 텍사스주 출신의 신진 상원의원이다. 텍사스 최초의 히스패닉계 주 법무차관으로, 가장 오랫동안 역임한 기록을 가지고 있다. 현재는 미국 상원의 라틴계 출신 의원 네 명 가운데 한 명이다. 본문에서 14시간 뒤에도 계속 서 있을 거라는 말은 21시간에 걸친 필리버스터 연설을 계속할 것이라는 의미다. 그는 오바마 대통령의 정책에 반대하는 연설을 했다.

When you lose small businesses

당신이 작은 기업들을 잃으면

- *Ted Turner* (테드 터너: 2004년 《워싱턴(The Washington)》 지 기사 중)

| Step ❶ preview | Step ❷ sentence | Step ❸ paragraph | Step ❹ exercise |

내용 미리보기 | 오늘 배울 내용입니다. 눈으로 한번 훑어보세요.

When you lose small businesses, you lose big ideas. People who own their own businesses are their own bosses. They are independent thinkers. They know they can't compete by imitating the big guys; they have to innovate. So they are less obsessed with earnings than they are with ideas.

한 문장씩 따라 말하기 | MP3 음원을 들으면서 한 문장[구]씩 따라 말해보세요.

❶ When you lose small businesses, you lose big ideas.

❷ People who own their own businesses are their own bosses.

❸ They are independent thinkers.

❹ They know they can't compete by imitating the big guys;

❺ they have to innovate.

❻ So they are less obsessed with earnings than they are with ideas.

---

❶ 작은 기업들을 잃으면 큰 아이디어들을 잃는다.

❷ 자기 사업체를 가진 이들은 스스로가 보스다.

❸ 이들은 독립적인 사상가들이다.

❹ 큰 기업들을 모방해서는 경쟁할 수가 없다는 것을 안다.

❺ 이들은 혁신을 해야 한다.

❻ 그래서 이들은 수익에 덜 집착하고 아이디어에 더 집착한다.

businesses 기업, 사업체(복수형) independent 독립적인 compete 경쟁하다 imitate 모방하다
innovate 혁신하다 be obsessed with ~에 집착하다 earnings 수익, 소득

전체 문단 따라 말하기 | MP3 음원을 들으면서 동시에 전체 문단을 따라 말해보세요.

When you lose small businesses, you lose big ideas. People who own their own businesses are their own bosses. They are independent thinkers. They know they can't compete by imitating the big guys; they have to innovate. So they are less obsessed with earnings than they are with ideas.

작은 기업들을 잃으면 큰 아이디어들을 잃는다. 자기 사업체를 가진 이들은 스스로가 보스다. 이들은 독립적인 사상가들이다. 큰 기업들을 모방해서는 경쟁할 수가 없다는 것을 안다. 이들은 혁신을 해야 한다. 그래서 이들은 수익에 덜 집착하고 아이디어에 더 집착한다.

주요 표현 외워 말하기 | 한국어 표현을 보고, 해당하는 영어 표현을 입으로 말해보세요.

❶ 자기 사업체를 가진 이들은 스스로가 보스다.

❷ 그들은 모방해서는 경쟁을 할 수 없다는 것을 안다.

❸ 그들은 수익에 덜 집착한다.

---

❶ 자기 사업체를 가진 이들은 스스로가 보스다.
   People who own their own businesses are their own bosses.

❷ 그들은 모방해서는 경쟁을 할 수 없다는 것을 안다. They know they can't compete by imitating.

❸ 그들은 수익에 덜 집착한다. They are less obsessed with earnings.

함께 읽기

테드 터너(Ted Turner)는 세계 최초의 24시간 뉴스 채널인 CNN을 설립한 미국의 언론가이자 자선사업가이다. 현재 전 세계 1억 명 이상의 사람들이 CNN을 본다. 유엔에 10억 달러를 기부하며 유엔 산하 자선 단체인 UN Foundation의 의장이 되었으며, 핵확산 방지 운동과 미국 들소 번식에 기여하는 등 여러 가지 자선 활동을 펼치고 있다. 본문에서 big guys는 big businesses를 의미한다.

It is all about building confidence

이것은 모두 자신감을 키우는 것에 관한 일이다

- Jill Biden (질 바이든: 2012년 〈USA Today〉 인터뷰 중)

| Step ❶ preview | Step ❷ sentence | Step ❸ paragraph | Step ❹ exercise |

내용 미리보기 | 오늘 배울 내용입니다. 눈으로 한번 훑어보세요.

No matter what teaching methods I have changed, I have found the same premise to be true over time – it's all about building confidence in your students. The bottom line is that at the end of the day, they need to believe that they have the skills they require to be successful.

한 문장씩 따라 말하기 | MP3 음원을 들으면서 한 문장[구]씩 따라 말해보세요.

❶ No matter what teaching methods I have changed,

❷ I have found the same premise to be true over time –

❸ it's all about building confidence in your students.

❹ The bottom line is that at the end of the day,

❺ they need to believe that they have the skills they require to be successful.

---

❶ 교수법을 아무리 바꾸어 봐도

❷ 시간이 지남에 따라 나는 동일한 전제가 옳다는 것을 알게 되었다.

❸ 이건 모두 학생 내면의 자신감을 키워주는 것에 관한 일이다.

❹ 핵심은 하루가 끝날 때

❺ 학생들은 자신에게 성공하는 데 필요한 기술들을 지니고 있다는 걸 믿을 필요가 있다는 것이다.

premise 가정, 전제 over time 시간이 지남에 따라 confidence 자신감 bottom line 핵심, 요점

전체 문단 따라 말하기 | MP3 음원을 들으면서 동시에 전체 문단을 따라 말해보세요.

No matter what teaching methods I have changed, I have found the same premise to be true over time – it's all about building confidence in your students. The bottom line is that at the end of the day, they need to believe that they have the skills they require to be successful.

교수법을 아무리 바꾸어 봐도, 시간이 지남에 따라 나는 동일한 전제가 옳다는 것을 알게 되었다. 그것은 모두 학생 내면의 자신감을 키워주는 것에 관한 일이다. 핵심은 하루가 끝날 때 학생들은 자신이 성공하는 데 필요한 기술을 지니고 있다는 걸 믿을 필요가 있다는 것이다.

주요 표현 외워 말하기 | 한국어 표현을 보고, 해당하는 영어 표현을 입으로 말해보세요.

❶ 나는 교수법들을 바꾸어 보았다.

❷ 나는 동일한 전제가 옳다는 것을 알게 되었다.

❸ 그들은 성공하기 위해 필요한 기술들을 지니고 있다.

---

❶ 나는 교수법들을 바꾸어 보았다. I have changed teaching methods.

❷ 나는 동일한 전제가 옳다는 것을 알게 되었다. I have found the same premise to be true.

❸ 그들은 성공하기 위해 필요한 기술들을 지니고 있다.
  They have the skills they require to be successful.

함께 읽기

질 바이든(Jill Biden)은 미국의 교육가로, 미국 47대 부통령이었던 조 바이든 (Joe Biden)의 부인이다. 고등학교와 대학교에서 영어와 읽기를 가르치고 있으며, 부통령의 부인 가운데 최초로 월급을 받는 직업을 가진 여성이기도 하다. 여러 비영리 단체를 조직해서 활동하고 있기도 하다. 특정한 맥락 없이 '성공하다'라고 할 때는 be successful을 주로 쓴다.

Believe in your own strength

당신의 저력을 믿어라

- *Barbra Streisand* (바브라 스트라이샌드: 《No Glass Slipper》 중)

| Step ❶ preview | Step ❷ sentence | Step ❸ paragraph | Step ❹ exercise |

내용 미리보기 | 오늘 배울 내용입니다. 눈으로 한번 훑어보세요.

To have ego means to believe in your own strength. And to also be open to other people's views. It is to be open, not closed. So, yes, my ego is big, but it's also very small in some areas. My ego is responsible for my doing what I do – bad or good.

한 문장씩 따라 말하기 | MP3 음원을 들으면서 한 문장[구]씩 따라 말해보세요.

❶ To have ego means to believe in your own strength.
❷ And to also be open to other people's views.
❸ It is to be open, not closed.
❹ So, yes, my ego is big, but it's also very small in some areas.
❺ My ego is responsible for my doing what I do – bad or good.

---

❶ 자아가 있다는 건 자신의 저력을 믿는다는 것을 의미한다.
❷ 그리고 다른 이들의 견해에 열려 있다는 것도 의미한다.
❸ 이는 닫혀 있지 않고 열려 있어야 한다.
❹ 그래서, 맞다, 내 자아는 크지만, 어떤 영역에서는 또한 아주 작다.
❺ 내 자아는 나쁜 일이건 좋은 일이건 내가 하는 일에 대해 책임을 진다.

ego 자아   strength 저력, 힘   view 견해   be responsible for ~에 책임이 있다

전체 문단 따라 말하기 | MP3 음원을 들으면서 동시에 전체 문단을 따라 말해보세요.

To have ego means to believe in your own strength. And to also be open to other people's views. It is to be open, not closed. So, yes, my ego is big, but it's also very small in some areas. My ego is responsible for my doing what I do – bad or good.

자아가 있다는 건 자신의 저력을 믿는다는 것을 의미한다. 그리고 다른 이들의 견해에 열려 있다는 것도 의미한다. 이는 닫혀 있지 않고 열려 있어야 한다. 그래서, 맞다, 내 자아는 크지만, 어떤 영역에서는 또한 아주 작다. 내 자아는 나쁜 일이건 좋은 일이건 내가 하는 일에 대해 책임을 진다.

주요 표현 외워 말하기 | 한국어 표현을 보고, 해당하는 영어 표현을 입으로 말해보세요.

❶ 자아가 있다는 건 자신의 저력을 믿는다는 것을 의미한다.

❷ 이는 닫혀 있지 않고 열려 있어야 한다.

❸ 내 자아는 내가 하는 일에 대해 책임을 진다.

---

❶ 자아가 있다는 건 자신의 저력을 믿는다는 것을 의미한다.
To have ego means to believe in your own strength.

❷ 이는 닫혀 있지 않고 열려 있어야 한다. It is to be open, not closed.

❸ 내 자아는 내가 하는 일에 대해 책임을 진다. My ego is responsible for my doing what I do.

함께 읽기

바브라 스트라이샌드(Barbra Streisand)는 미국의 가수이자 배우, 영화 제작자이며, 사회운동가와 화가로도 활발한 활동을 하고 있는 대중 스타다. 미국에서 가장 많은 앨범 판매량을 기록한 여가수로, 아카데미상, 골든글로브상, 토니상, 에미상, 그래미상 등을 수상했다. 1960년대부터 지금까지 모두 빌보드 앨범 차트 1위를 기록한 미국 대중문화의 전설 중 하나다. 본문의 It is to be open, not closed는 It is to be open, not (to be) closed에서 to be가 생략된 문장이다.

We don't know
how strong we are

우리는 우리가 얼마나 강한지 모른다

- Isabel Allende (이사벨 아옌데: 《Una Voce》 중)

| Step ❶ preview | Step ❷ sentence | Step ❸ paragraph | Step ❹ exercise |

내용 미리보기 | 오늘 배울 내용입니다. 눈으로 한번 훑어보세요.

I never said I wanted a 'happy' life but an interesting one. From separation and loss, I have learned a lot. I have become strong and resilient, as is the case of almost every human being exposed to life and to the world. We don't even know how strong we are until we are forced to bring that hidden strength forward.

한 문장씩 따라 말하기 | MP3 음원을 들으면서 한 문장[구]씩 따라 말해보세요.

❶ I never said I wanted a 'happy' life but an interesting one.

❷ From separation and loss, I have learned a lot.

❸ I have become strong and resilient,

❹ as is the case of almost every human being exposed to life and to the world.

❺ We don't even know how strong we are /

❻ until we are forced to bring that hidden strength forward.

---

❶ 나는 '행복한' 삶을 원한다고 한 적이 없다. 흥미로운 삶을 원한다고 했을 뿐이다.

❷ 결별과 상실을 겪으며 나는 많은 것을 배웠다.

❸ 나는 강하고 회복력을 갖추게 되었다.

❹ 삶과 세계에 노출된 거의 모든 인간들의 경우가 그러하듯이 말이다.

❺ 우리는 심지어 자신이 얼마나 강한지 모른다.

❻ 숨겨진 저력을 내놓아야만 하는 상황에 처할 때까지는.

separation 결별 loss 손실, 상실 resilient 회복력 있는 exposed 노출된 be forced to V ~하도록 강요받다
bring ~ forward ~을 내놓다

전체 문단 따라 말하기 | MP3 음원을 들으면서 동시에 전체 문단을 따라 말해보세요.

I never said I wanted a 'happy' life but an interesting one. From separation and loss, I have learned a lot. I have become strong and resilient, as is the case of almost every human being exposed to life and to the world. We don't even know how strong we are until we are forced to bring that hidden strength forward.

나는 '행복한' 삶을 원한다고 한 적이 없다. 흥미로운 삶을 원한다고 했을 뿐이다. 결별과 상실을 겪으며 나는 많은 것을 배웠다. 나는 삶과 세계에 노출된 거의 모든 인간들의 경우가 그러하듯이 강해졌고 굴하지 않게 되었다. 우리는 숨겨진 저력을 내놓아야만 하는 상황에 처할 때까지는 자신이 얼마나 강한지조차 모른다.

주요 표현 외워 말하기 | 한국어 표현을 보고, 해당하는 영어 표현을 입으로 말해보세요.

❶ 나는 '행복한' 삶을 원한다고 말한 적이 없다.
❷ 결별과 상실을 겪으며 나는 많은 것을 배웠다.
❸ 우리는 숨겨진 저력을 내놓아야만 하는 상황에 처해 있다.

------

❶ 나는 '행복한' 삶을 원한다고 말한 적이 없다. I never said I wanted a happy life.
❷ 결별과 상실을 겪으며 나는 많은 것을 배웠다. From separation and loss, I have learned a lot.
❸ 우리는 숨겨진 저력을 내놓아야만 하는 상황에 처해 있다.
   We are forced to bring that hidden strength forward.

함께 읽기

이사벨 아옌데(Isabel Allende)는 칠레 출신의 소설가이자 언론인이다. 환상 문학의 전통에 기반한 《영혼의 집》과 《야수의 도시》 같은 작품들로 세계적인 명성을 얻었다. 칠레 아 옌데 대통령의 친척으로 복잡한 칠레 정계의 모습을 보고 자랐으며, 이 경험과 여성의 삶에 대한 통찰을 소설로 풀어냈다. 세계에서 가장 많이 읽힌 스페인어 소설을 쓴 작가로도 꼽힌다. 본문의 interesting one에서 one은 life를 받는 대명사이다.

Do the best you can
당신이 할 수 있는 최선을 다하라

- Clint Eastwood (클린트 이스트우드: 《The Very Best of Clint Eastwood》 중)

| Step ❶ preview | Step ❷ sentence | Step ❸ paragraph | Step ❹ exercise |

내용 미리보기 | 오늘 배울 내용입니다. 눈으로 한번 훑어보세요.

God gave you a brain. Do the best you can with it. And you don't have to be Einstein, but Einstein was mentally tough. He believed what he believed. And he worked out things. And he argued with people who disagreed with him. But I'm sure he didn't call everybody jerks.

한 문장씩 따라 말하기 | MP3 음원을 들으면서 한 문장[구]씩 따라 말해보세요.

❶ God gave you a brain.

❷ Do the best you can with it.

❸ And you don't have to be Einstein, but Einstein was mentally tough.

❹ He believed what he believed.

❺ And he worked out things.

❻ And he argued with people who disagreed with him.

❼ But I'm sure he didn't call everybody jerks.

---

❶ 신은 당신에게 두뇌를 주었다.

❷ 그걸 가지고 최선을 다하라.

❸ 그렇다고 아인슈타인이 될 필요는 없다. 하지만 아인슈타인은 정신적으로 강했다.

❹ 그는 자신이 믿는 바를 믿었다.

❺ 그리고 여러 가지 일들을 실행했다.

❻ 또한 자신에게 반대하는 이들과 논쟁을 했다.

❼ 하지만 그가 모든 이들을 바보천치라고 부르지는 않았다고 나는 확신한다.

mentally 정신적으로 tough 강인한 work out 실행하다 argue 논쟁하다 jerk 바보 같은 자식

전체 문단 따라 말하기 | MP3 음원을 들으면서 동시에 전체 문단을 따라 말해보세요.

God gave you a brain. Do the best you can with it. And you don't have to be Einstein, but Einstein was mentally tough. He believed what he believed. And he worked out things. And he argued with people who disagreed with him. But I'm sure he didn't call everybody jerks.

신은 당신에게 두뇌를 주었다. 그걸 가지고 최선을 다하라. 그렇다고 아인슈타인이 될 필요는 없다. 하지만 아인슈타인은 정신적으로 강했다. 그는 자신이 믿는 바를 믿었다. 그리고 여러 가지 일들을 실행했다. 또한 자신에게 반대하는 이들과 논쟁을 했다. 하지만 확신컨대 그가 모든 이들을 바보천치라고 부르지는 않았다.

주요 표현 외워 말하기 | 한국어 표현을 보고, 해당하는 영어 표현을 입으로 말해보세요.

❶ 신은 당신에게 두뇌를 주었다.

❷ 그는 자신이 믿는 바를 믿었다.

❸ 그는 자신에게 반대하는 이들과 논쟁을 했다.

---

❶ 신은 당신에게 두뇌를 주었다. God gave you a brain.

❷ 그는 자신이 믿는 바를 믿었다. He believed what he believed.

❸ 그는 자신에게 반대하는 이들과 논쟁을 했다. He argued with people who disagreed with him.

함께 읽기

클린트 이스트우드(Clint Eastwood)는 미국의 배우이자 감독이며 정치인이다. 60년대 스파게티 웨스턴 영화(미국 서부시대를 배경으로 이탈리아에서 제작한 영화)와 70년대 〈더티 해리〉 시리즈에 출연해 배우로서 명성을 얻었으며, 이후 영화를 감독하여 아카데미 감독상을 2회 수상했다. 캘리포니아 카멜 시의 시장을 역임하기도 한 할리우드의 살아 있는 전설이다. work out은 '어떤 일을 해내다'는 뜻에서 '해결하다', '실행하다'는 의미로 쓰일 수 있다.

Learn how to accept love

사랑을 받아들이는 법을 배워라

- *Toni Morrison* (토니 모리슨: 그녀의 책 《Paradise》 중)

| Step ❶ preview | Step ❷ sentence | Step ❸ paragraph | Step ❹ exercise |

내용 미리보기 | 오늘 배울 내용입니다. 눈으로 한번 훑어보세요.

You do not deserve love regardless of the suffering you have
endured. You do not deserve love because somebody did you
wrong. You do not deserve love just because you want it. You can
only earn – by practice and careful contemplations – the right to
express it and you have to learn how to accept it.

한 문장씩 따라 말하기 | MP3 음원을 들으면서 한 문장[구]씩 따라 말해보세요.

❶ You do not deserve love regardless of the suffering you have endured.

❷ You do not deserve love because somebody did you wrong.

❸ You do not deserve love just because you want it.

❹ You can only earn – by practice and careful contemplations – the right to express it /

❺ and you have to learn how to accept it.

---

❶ 당신이 견뎌온 고통에 상관없이 당신은 사랑을 받을 자격이 없다.

❷ 누군가 당신에게 몹쓸 짓을 했다고 해서 사랑받을 자격이 있는 것도 아니다.

❸ 단지 원한다는 이유만으로 사랑을 받을 자격도 없다.

❹ 오로지 실천과 심사숙고를 통해서만 사랑을 표현할 권리를 얻을 수 있다.

❺ 그리고 그것을 받아들이는 법을 배워야 한다.

deserve 가치가 있다, 자격이 있다 regardless of ~와 관계없이 suffering 고통 endure 참다, 견디다
do ~ wrong ~에게 몹쓸 짓을 하다 earn 얻다 practice 연습, 실천 contemplation 명상, 응시 right 권리

전체 문단 따라 말하기 | MP3 음원을 들으면서 동시에 전체 문단을 따라 말해보세요.

You do not deserve love regardless of the suffering you have endured. You do not deserve love because somebody did you wrong. You do not deserve love just because you want it. You can only earn – by practice and careful contemplations – the right to express it and you have to learn how to accept it.

당신이 견뎌온 고통에 상관없이 당신은 사랑을 받을 자격이 없다. 누군가 당신에게 몹쓸 짓을 했다고 해서 사랑받을 자격이 있는 것도 아니다. 단지 원한다는 이유만으로 사랑을 받을 자격도 없다. 오로지 실천과 심사숙고를 통해서만 사랑을 표현할 권리를 얻을 수 있다. 그리고 당신은 사랑을 받아들이는 법을 배워야 한다.

주요 표현 외워 말하기 | 한국어 표현을 보고, 해당하는 영어 표현을 입으로 말해보세요.

❶ 당신은 사랑을 받을 자격이 없다.
❷ 누군가 당신에게 몹쓸 짓을 했다.
❸ 당신은 그것을 받아들이는 법을 배워야 한다.

---

❶ 당신은 사랑을 받을 자격이 없다. You do not deserve love.
❷ 누군가 당신에게 몹쓸 짓을 했다. Somebody did you wrong.
❸ 당신은 그것을 받아들이는 법을 배워야 한다. You have to learn how to accept it.

함께 읽기

토니 모리슨(Toni Morrison)은 〈빌러비드〉라는 작품으로 1993년 노벨문학상을 수상한 미국의 소설가이다. 편집자와 교수로도 활동했으며, 대통령 자유훈장을 받은 바 있고, 프린스턴대학교의 명예교수이기도 했다. 주로 미국 흑인 여성의 삶을 그려내며 포스트모던 페미니즘의 새로운 장을 열었다는 평가를 받았다. earn은 '노력해서 성취하다'라는 뜻이다. 절대 거저 받을 수 없는 것을 얻어낼 때 earn을 쓴다.

I wonder why
I can be so happy

나는 내가 왜 그리 행복할 수 있는지 의아하다

- Ray Bradbury (레이 브래드버리: 그의 책 《Bradbury Speaks》 중)

| Step ❶ preview | Step ❷ sentence | Step ❸ paragraph | Step ❹ exercise |

내용 미리보기 | 오늘 배울 내용입니다. 눈으로 한번 훑어보세요.

In my later years, I have looked in the mirror each day and found a happy person staring back. Occasionally I wonder why I can be so happy. The answer is that every day of my life I've worked only for myself and for the joy that comes from writing and creating. The image in my mirror is not optimistic, but the result of optimal behavior.

한 문장씩 따라 말하기 | MP3 음원을 들으면서 한 문장[구]씩 따라 말해보세요.

❶ In my later years, I have looked in the mirror each day and found a happy person staring back.

❷ Occasionally I wonder why I can be so happy.

❸ The answer is that every day of my life I've worked only for myself /

❹ and for the joy that comes from writing and creating.

❺ The image in my mirror is not optimistic, but the result of optimal behavior.

---

❶ 노년에 접어들어 나는 매일 거울을 들여다보고는 행복한 사람 한 명이 마주 응시하고 있는 걸 발견한다.

❷ 종종 나는 내가 왜 그리 행복할 수 있는지 의아하다.

❸ 답은 이렇다. 나는 살아가는 매일매일 오직 나 자신만을 위해 일해 왔다.

❹ 그리고 집필과 창작에서 오는 기쁨만을 위해 일해 왔다.

❺ 내 거울 속의 모습은 낙관적이지 않지만 최적의 행동의 결과물이다.

later years 노년 look in the mirror 거울을 들여다보다 stare back 응시하다 optimistic 낙관적인 optimal 최적의

전체 문단 따라 말하기 | MP3 음원을 들으면서 동시에 전체 문단을 따라 말해보세요.

In my later years, I have looked in the mirror each day and found a happy person staring back. Occasionally I wonder why I can be so happy. The answer is that every day of my life I've worked only for myself and for the joy that comes from writing and creating. The image in my mirror is not optimistic, but the result of optimal behavior.

노년에 접어들면서 나는 매일 거울을 들여다보는데 그때마다 행복한 사람 한 명이 마주 응시하고 있는 걸 발견한다. 종종 나는 내가 왜 그리 행복할 수 있는지 의아하다. 답은 이렇다. 나는 살면서 매일매일 오직 나 자신만을 위해 일해 왔고 집필과 창작에서 오는 기쁨만을 위해 일해 왔다. 내 거울 속의 모습은 낙관적이지 않지만, 그것은 최적의 행동의 결과물이다.

주요 표현 외워 말하기 | 한국어 표현을 보고, 해당하는 영어 표현을 입으로 말해보세요.

❶ 나는 매일 거울을 들여다보아 왔다.

❷ 나는 내가 왜 그리 행복할 수 있는지 의아하다.

❸ 내 거울 속의 이미지는 낙관적이지 않다.

---

❶ 나는 매일 거울을 들여다보아 왔다. I have looked in the mirror each day.

❷ 나는 내가 왜 그리 행복할 수 있는지 의아하다. I wonder why I can be so happy.

❸ 내 거울 속의 이미지는 낙관적이지 않다. The image in my mirror is not optimistic.

함께 읽기

레이 브래드버리(Ray Bradbury)는 미국의 작가로, 환상과 공포, 과학소설을 주로 썼다. 1950년에 발표한 연작 단편집 《화성 연대기》와 1953년 작 디스토피아 소설 《화씨 451》이 가장 잘 알려져 있다. 2012년 사망했으며, 과학소설을 주류 문학계로 편입시키는 데 가장 큰 공헌을 한 작가라는 평을 받고 있다. optimal은 자주 쓰이는 단어는 아니지만, 본문에서는 optimistic과 두운을 맞추려고 사용한 듯하다.

What you do with your fear

당신은 두려움을 어떻게 하는가

- Carly Fiorina (칼리 피오리나: 그녀의 책 《Rising to the Challenge》 중)

| Step **①** preview | Step **②** sentence | Step **③** paragraph | Step **④** exercise |

내용 미리보기 | 오늘 배울 내용입니다. 눈으로 한번 훑어보세요.

The difference between people who succeed and people who fail,
I think in many cases it's not fear. Everyone experiences fear.
The difference is what you do with your fear. Do you work to
overcome it or do you let it defeat you? And I think that is actually
what distinguishes very successful people from others.

한 문장씩 따라 말하기 | MP3 음원을 들으면서 한 문장[구]씩 따라 말해보세요.

❶ The difference between people who succeed and people who fail, I think in many cases it's not fear.

❷ Everyone experiences fear.

❸ The difference is what you do with your fear.

❹ Do you work to overcome it or do you let it defeat you?

❺ And I think that is actually what distinguishes very successful people from others.

---

❶ 성공하는 사람과 실패하는 사람의 차이는, 내 생각에는 많은 경우 두려움이 아니다.

❷ 모두가 두려움을 경험한다.

❸ 차이는 두려움을 어떻게 하느냐이다.

❹ 당신은 두려움을 극복하기 위해 노력하는가 아니면 두려움이 당신을 패배시키도록 내버려 두는가?

❺ 나는 이것이 아주 성공적인 사람과 그렇지 않은 이들을 실제로 구별 짓는 것이라 생각한다.

difference 차이 fear 두려움, 공포 overcome 극복하다 defeat 패배시키다 distinguish A from B A와 B를 구별하다

전체 문단 따라 말하기 | MP3 음원을 들으면서 동시에 전체 문단을 따라 말해보세요.

The difference between people who succeed and people who fail, I think in many cases it's not fear. Everyone experiences fear. The difference is what you do with your fear. Do you work to overcome it or do you let it defeat you? And I think that is actually what distinguishes very successful people from others.

성공하는 사람과 실패하는 사람의 차이는, 내 생각에는 많은 경우 두려움이 아니다. 모두가 두려움을 경험한다. 차이는 두려움을 어떻게 하느냐이다. 당신은 두려움을 극복하기 위해 노력하는가 아니면 두려움이 당신을 패배시키도록 내버려 두는가? 나는 사실상 이것으로 아주 성공적인 사람과 그렇지 않은 이들이 구별된다고 생각한다.

주요 표현 외워 말하기 | 한국어 표현을 보고, 해당하는 영어 표현을 입으로 말해보세요.

❶ 성공하는 사람과 실패하는 사람의 차이는 두려움이 아니다.

❷ 차이는 당신이 두려움을 어떻게 하느냐이다.

❸ 당신은 두려움을 극복하기 위해 노력하는가?

---

❶ 성공하는 사람과 실패하는 사람의 차이는 두려움이 아니다.

The difference between people who succeed and people who fail is not fear.

❷ 차이는 당신이 두려움을 어떻게 하느냐이다. The difference is what you do with your fear.

❸ 당신은 두려움을 극복하기 위해 노력하는가? Do you work to overcome fear?

함께 읽기

칼리 피오리나(Carly Fiorina)는 미국 IT기업의 중역이자 2016년 미국 대선 공화당 예비 후보 중 한 명이었다. AT&T와 루슨트 테크놀로지를 거쳐 휴렛패커드의 CEO로 1999년부터 2005년까지 재직했다. 여성 최초로 〈포춘〉지가 선정한 상위 20개 기업의 최고경영자 중 한 사람이기도 하다. 첫 문장에서 The difference ~ is not fear의 문형이 문법적으로 옳지만 I think in many cases 가 삽입되고, 주어 the difference를 it으로 한 번 더 언급하고 있다.

Be open and learn
열린 태도를 가지고 배우라

- *Bobbi Brown* (바비 브라운: 2014년 뉴욕 FIT(Fashion Institute of Technology) 졸업 연설 중)

| Step ❶ preview | Step ❷ sentence | Step ❸ paragraph | Step ❹ exercise |

내용 미리보기 | 오늘 배울 내용입니다. 눈으로 한번 훑어보세요.

Work hard but work smart. Always. Every day. Nothing is handed to you and nothing is easy. You're not owed anything. No job or task is too small or beneath you. If you want to get ahead, volunteer to do the things no one else wants to do, and do it better. Be a sponge. Be open and learn.

한 문장씩 따라 말하기 | MP3 음원을 들으면서 한 문장[구]씩 따라 말해보세요.

❶ Work hard but work smart. Always. Every day.

❷ Nothing is handed to you and nothing is easy.

❸ you're not owed anything.

❹ No job or task is too small or beneath you.

❺ If you want to get ahead, volunteer to do the things no one else wants to do, and do it better.

❻ Be a sponge. Be open and learn.

❶ 열심히 일하되 똑똑하게 일하라. 늘. 매일 같이.

❷ 그 어떤 것도 당신에게 주어지지 않고 어떤 것도 쉽지 않다.

❸ 당신은 그 어떤 것에 대해서도 채권자가 아니다.

❹ 어떤 일이나 업무도 너무 사소하지 않고 당신보다 아래에 있지 않다.

❺ 앞서가고 싶다면 다른 이들이 하기 싫어하는 일들을 자원해서 하고, 더 잘하라.

❻ 스펀지가 되어라. 열린 태도를 가지고 배우라.

hand 건네주다 owe 빚지다 beneath ~ 아래에 get ahead (~를) 앞서다 volunteer 자원하다, 봉사하다

전체 문단 따라 말하기 | MP3 음원을 들으면서 동시에 전체 문단을 따라 말해보세요.

Work hard but work smart. Always. Every day. Nothing is handed to you and nothing is easy. You're not owed anything. No job or task is too small or beneath you. If you want to get ahead, volunteer to do the things no one else wants to do, and do it better. Be a sponge. Be open and learn.

열심히 일하되 똑똑하게 일하라. 늘. 매일 같이. 그 어떤 것도 당신에게 주어지지 않고 어떤 것도 쉽지 않다. 당신은 그 어떤 것에 대해서도 채권자가 아니다. 그 어떤 일이나 업무도 너무 사소한 것은 없고 당신보다 아래에 있지도 않다. 앞서 나가고 싶다면 다른 이들이 하기 싫어하는 일들을 자원해서 하고, 더 잘하라. 스펀지가 되어라. 열린 태도를 가지고 배우라.

주요 표현 외워 말하기 | 한국어 표현을 보고, 해당하는 영어 표현을 입으로 말해보세요.

❶ 열심히 일하되 똑똑하게 일하라.

❷ 그 어떤 것도 당신에게 주어지지 않는다.

❸ 다른 이들이 하기 싫어하는 일들을 자원해서 하라.

- -

❶ 열심히 일하되 똑똑하게 일하라. Work hard but work smart.

❷ 그 어떤 것도 당신에게 주어지지 않는다. Nothing is handed to you.

❸ 다른 이들이 하기 싫어하는 일들을 자원해서 하라.
　 Volunteer to do the things no one else wants to do.

함께 읽기

바비 브라운(Bobbi Brown)은 미국의 메이크업 아티스트이자 바비 브라운사의 창립자이다. 당시 화려했던 색조 화장에 반기를 들고 차분하고 자연스러운 화장을 강조하며 명성을 얻었다. 이후 아름다움과 메이크업에 대한 8권의 책을 썼으며, 방송과 잡지에서도 활약하고 있다. owe는 '누군가에게 빚지다'는 뜻이므로 You're not owed는 '당신에게 빚진 이는 없다', 즉 '당신은 채권자가 아니다'라는 뜻이 된다. 채무를 받아내듯 쉽게 받을 수 있는 것은 없다는 뜻이기도 하다.

And then there is a lie

그리고 거짓말도 있다

- Lady Gaga (레이디 가가: 2010년 〈뉴욕매거진〉 인터뷰 중)

| Step ❶ preview | Step ❷ sentence | Step ❸ paragraph | Step ❹ exercise |

내용 미리보기 | 오늘 배울 내용입니다. 눈으로 한번 훑어보세요.

What I've discovered is that in art, as in music, there's a lot of truth – and then there's a lie. The artist is essentially creating his work to make this lie a truth, but he slides it in amongst all the others. The tiny little lie is the moment I live for, my moment. It's the moment that the audience falls in love.

한 문장씩 따라 말하기 | MP3 음원을 들으면서 한 문장[구]씩 따라 말해보세요.

❶ What I've discovered is that in art, as in music, there's a lot of truth –
❷ and then there's a lie.
❸ The artist is essentially creating his work to make this lie a truth,
❹ but he slides it in amongst all the others.
❺ The tiny little lie is the moment I live for, my moment.
❻ It's the moment that the audience falls in love.

---

❶ 내가 발견한 것은 음악에서와 마찬가지로 예술에는 많은 진리가 있다는 점이다.
❷ 그리고 거짓말도 있다.
❸ 예술가는 기본적으로 이러한 거짓말을 하나의 진리로 만들기 위해 작품을 창작한다.
❹ 하지만 이것을 다른 모든 것들 안에 슬쩍 끼워 넣는다.
❺ 이 작고 조그마한 거짓말이 내가 삶을 바치는 순간이고, 나의 순간이다.
❻ 이는 청중들이 사랑에 빠지는 순간이기도 하다.

artist 예술가   essentially 기본적으로   slide ~ in ~을 슬쩍 끼워 넣다   amongst ~사이에   audience 관중, 청중

전체 문단 따라 말하기 | MP3 음원을 들으면서 동시에 전체 문단을 따라 말해보세요.

What I've discovered is that in art, as in music, there's a lot of truth – and then there's a lie. The artist is essentially creating his work to make this lie a truth, but he slides it in amongst all the others. The tiny little lie is the moment I live for, my moment. It's the moment that the audience falls in love.

내가 발견한 것은 음악에서와 마찬가지로 예술에는 많은 진리가 있다는 점이다. 그리고 거짓말도 있다. 예술가는 기본적으로 이러한 거짓말을 하나의 진리로 만들기 위해 작품을 창작한다. 하지만 이것을 다른 모든 것들 안에 슬쩍 끼워 넣는다. 이 작고 조그마한 거짓말이 내가 삶을 바치는 순간이고, 나의 순간이다. 이는 청중들이 사랑에 빠지는 순간이기도 하다.

주요 표현 외워 말하기 | 한국어 표현을 보고, 해당하는 영어 표현을 입으로 말해보세요.

❶ 내가 발견한 것은 예술에는 많은 진리가 있다는 점이다.
❷ 예술가는 기본적으로 작품을 창작한다.
❸ 이는 청중들이 사랑에 빠지는 순간이다.

---

❶ 내가 발견한 것은 예술에는 많은 진리가 있다는 점이다.
What I've discovered is that in art, there's a lot of truth.

❷ 예술가는 기본적으로 작품을 창작한다. The artist is essentially creating his work.

❸ 이는 청중들이 사랑에 빠지는 순간이다. It's the moment that the audience falls in love.

함께 읽기

레이디 가가(Lady Gaga)는 미국의 가수, 작곡가, 배우로 본명은 스테파니 조앤 앤젤리나 저머노타(Stefani Joanne Angelina Germanotta)이다. 강렬한 메시지와 패션, 라이브 공연으로 유명하다. 2008년 〈Just Dance〉, 〈Poker Face〉를 히트시키면서 세계적인 명성을 얻었으며, 역대 가장 많은 앨범을 판매한 가수라는 기록을 갖고 있다. 2018년 뮤지컬 영화 〈A Star Is Born〉의 주연을 맡기도 했다. 두 번째 문장 The artist ~가 현재진행형인 이유는, 현재진행형에 '강조'의 뜻이 있어서이다. '허구 한 날' 그런다는 얘기를 하고 싶을 때 사용하는 용법이다.

Day 076-100

04

Level

Your time is limited
여러분의 시간은 제한되어 있다

- Steve Jobs (스티브 잡스: 2005년 스탠포드대학교 졸업 연설 중)

| Step ❶ preview | Step ❷ sentence | Step ❸ paragraph | Step ❹ exercise |

내용 미리보기 | 오늘 배울 내용입니다. 눈으로 한번 훑어보세요.

Death is very likely the single best invention of life. It's life's change agent; it clears out the old to make way for the new. Right now, the new is you. But someday, not too long from now, you will gradually become the old and be cleared away. Sorry to be so dramatic, but it's quite true. Your time is limited, so don't waste it living someone else's life.

한 문장씩 따라 말하기 | MP3 음원을 들으면서 한 문장[구]씩 따라 말해보세요.

❶ Death is very likely the single best invention of life.

❷ It's life's change agent;

❸ it clears out the old to make way for the new.

❹ Right now, the new is you.

❺ But someday, not too long from now, you will gradually become the old and be cleared away.

❻ Sorry to be so dramatic, but it's quite true.

❼ Your time is limited,

❽ so don't waste it living someone else's life.

- -

❶ 죽음이야말로 삶의 최고 발명품이라 할 수 있다.

❷ 그것은 삶의 변화의 동인이다.

❸ 그것은 오래된 것들을 치워 새로운 것들에 길을 내준다.

❹ 지금 당장은 여러분들이 새로운 세력이다.

❺ 하지만 언젠가, 그리 오랜 시간이 지나지 않아서, 여러분들이 점점 그 오래된 것들이 되고, 치워지게 될 것이다.

❻ 너무 극적이라서 유감이지만 이건 명백한 진실이다.

❼ 여러분의 시간은 제한되어 있다.

❽ 그러하니 다른 사람의 삶을 사느라 시간을 낭비하지 마라.

likely 사실일 것 같은, 있을 법한   invention 발명품   agent 동인, 중요한 작용을 하는 것   clear out 청소하다
make way for ~에 길을 내주다   gradually 차차, 서서히   clear away ~을 치우다   limited 제한된

전체 문단 따라 말하기 | MP3 음원을 들으면서 동시에 전체 문단을 따라 말해보세요.

Death is very likely the single best invention of life. It's life's change agent; it clears out the old to make way for the new. Right now, the new is you. But someday, not too long from now, you will gradually become the old and be cleared away. Sorry to be so dramatic, but it's quite true. Your time is limited, so don't waste it living someone else's life.

죽음이야말로 삶의 최고 발명품이라 할 수 있다. 그것은 삶의 변화의 동인이다. 그것은 오래된 것들을 치워 새로운 것들에 길을 내준다. 지금 당장은 여러분들이 새로운 세력이다. 하지만 언젠가 그리 오랜 시간이 지나지 않아서, 여러분들이 점점 그 오래된 것들이 되고, 치워지게 될 것이다. 너무 극적이라서 유감이지만 이건 명백한 진실이다. 여러분의 시간은 제한되어 있다. 그러니 다른 사람의 삶을 사느라 시간을 낭비하지 마라.

주요 표현 외워 말하기 | 한국어 표현을 보고, 해당하는 영어 표현을 입으로 말해보세요.

❶ 그것은 오래된 것들을 치워 새로운 것들에 길을 내준다.
❷ 당신이 점점 그 오래된 것들이 되고 치워지게 될 것이다.
❸ 당신의 시간은 제한되어 있으니 다른 사람의 삶을 사느라 낭비하지 마라.

❶ 그것은 오래된 것들을 치워 새로운 것들에 길을 내준다.
It clears out the old to make way for the new.
❷ 당신이 점점 그 오래된 것들이 되고 치워지게 될 것이다.
You will gradually become the old and be cleared away.
❸ 당신의 시간은 제한되어 있으니 다른 사람의 삶을 사느라 낭비하지 마라.
Your time is limited, so don't waste it living someone else's life.

함께 읽기

스티브 잡스(Steve Jobs)는 미국 IT기업인으로 애플 사의 공동 창업자이다. '애플 2'로 개인 컴퓨터 시대를 열었고, 마우스 사용을 대중화시켰으며, 아이팟 개발로 음악 산업을 바꾸었고, 아이폰으로 스마트폰 시장을 선도하고, 아이패드로 포스트 PC 시대를 연 입지적인 인물이었으나 2011년 췌장암으로 사망했다. 본문은 2005년 스탠퍼드대학에서 한 졸업 연설 중 일부이다. 여기서 agent는 어떤 행동의 '주체, 대행인, 동인'이라는 뜻으로 쓰인다.

That distance is a constant

그 거리는 변하지 않는다

- Indra Nooyi (인드라 누이: 〈No Fear of Failure〉 중)

| Step ❶ preview | Step ❷ sentence | Step ❸ paragraph | Step ❹ exercise |

내용 미리보기 | 오늘 배울 내용입니다. 눈으로 한번 훑어보세요.

The distance between number one and number two is always a constant. If you want to improve the organization, you have to improve yourself and the organization gets pulled up with you. That is a big lesson. I cannot just expect the organization to improve if I don't improve myself and lift the organization, because that distance is a constant.

한 문장씩 따라 말하기 | MP3 음원을 들으면서 한 문장[구]씩 따라 말해보세요.

❶ The distance between number one and number two is always a constant.

❷ If you want to improve the organization,

❸ you have to improve yourself /

❹ and the organization gets pulled up with you.

❺ That is a big lesson.

❻ I cannot just expect the organization to improve /

❼ if I don't improve myself and lift the organization,

❽ because that distance is a constant.

---

❶ 숫자 1과 숫자 2 사이의 거리는 항상 항수이다.

❷ 조직을 개선하고 싶다면

❸ 자신을 먼저 개선해야 하고

❹ 그러면 조직은 따라올 것이다.

❺ 그것이 큰 교훈이다.

❻ 조직이 그저 개선되기를 기대할 수는 없다.

❼ 자신을 먼저 개선하고 조직을 끌어올리지 않는다면

❽ 왜냐하면 그 거리는 항수이기 때문이다.

---

constant 정수, 항수(변하지 않는 일정한 값) improve 개선하다, 향상시키다 organization 조직, 기업
pull up (석차·순위를) 끌어올리다 lift 들어올리다

전체 문단 따라 말하기 | MP3 음원을 들으면서 동시에 전체 문단을 따라 말해보세요.

The distance between number one and number two is always a constant. If you want to improve the organization, you have to improve yourself and the organization gets pulled up with you. That is a big lesson. I cannot just expect the organization to improve if I don't improve myself and lift the organization, because that distance is a constant.

숫자 1과 숫자 2 사이의 거리는 항상 일정한 값을 유지한다. 조직을 개선하고 싶다면 자신을 먼저 개선해야 한다. 그러면 조직은 따라올 것이다. 그것은 큰 교훈이다. 자신을 먼저 개선하고 조직을 끌어올리지 않는다면, 조직이 그저 개선되기를 기대할 수는 없다. 왜냐하면 그 거리는 변하지 않는 항수이기 때문이다.

주요 표현 외워 말하기 | 한국어 표현을 보고, 해당하는 영어 표현을 입으로 말해보세요.

❶ 조직을 개선하고 싶다면 자신을 먼저 개선해야 한다.
❷ 조직은 당신을 따라올 것이다.
❸ 나는 조직이 그저 개선되기를 기대할 수는 없다.

❶ 조직을 개선하고 싶다면 자신을 먼저 개선해야 한다.
   If you want to improve the organization, you have to improve yourself.
❷ 조직은 당신을 따라올 것이다. The organization gets pulled up with you.
❸ 나는 조직이 그저 개선되기를 기대할 수는 없다. I cannot just expect the organization to improve.

함께
읽기

인드라 누이(Indra Nooyi)는 인도계 미국인 기업인으로, 2018년까지 펩시코(PepsiCo)의 회장이자 최고경영자였다. 세계에서 가장 영향력 있는 여성 100인 중 한 명으로 꼽히기도 했고, 계속 영향력이 커지고 있는 현대 여성 기업인의 롤모델이기도 하다. constant는 명사로는 수학 용어로 '정수', '항수'라는 뜻이다. '변하지 않는 일정한 값'이라는 뜻이므로 숫자 사이의 거리가 늘 일정하다, 변치 않는다라고 이해하면 된다.

I am somebody
나는 특별한 사람이다

- Rita Pierson (리타 피어슨: 2013년 TED 강연 중)

| Step ❶ preview | Step ❷ sentence | Step ❸ paragraph | Step ❹ exercise |

내용 미리보기 | 오늘 배울 내용입니다. 눈으로 한번 훑어보세요.

I gave them a saying to say: "I am somebody. I was somebody when I came. I'll be a better somebody when I leave. I am powerful, and I am strong. I deserve the education that I get here. I have things to do, people to impress, and places to go."
And they said, "Yeah!" You say it long enough, it starts to be a part of you.

한 문장씩 따라 말하기 | MP3 음원을 들으면서 한 문장[구]씩 따라 말해보세요.

① I gave them a saying to say:

② "I am somebody. I was somebody when I came.

③ I'l be a better somebody when I leave.

④ I am powerful, and I am strong.

⑤ I deserve the education that I get here.

⑥ I have things to do, people to impress, and places to go."

⑦ And they said, "Yeah!"

⑧ You say it long enough, it starts to be a part of you.

---

① 나는 사람들에게 이렇게 말해보라고 했다.

② "나는 특별한 사람이다. 나는 태어날 때 특별한 사람이었다.

③ 나는 세상을 떠날 때 더 나은 특별한 사람이 되어 있을 것이다.

④ 나는 영향력이 있고 강하다.

⑤ 나는 여기서 받는 교육을 받을 가치가 있다.

⑥ 나는 할 일이 있고, 감명을 줄 사람들이 있으며, 갈 곳이 있다."

⑦ 그러면 그들이 "맞아요"라고 말한다.

⑧ 이 말을 충분히 오랫동안 하면, 그것이 자신의 일부가 되기 시작한다.

somebody 특별한 사람 powerful 강력한 deserve ~을 받을 만하다 impress 잘 보이다, 감명을 주다

전체 문단 따라 말하기 | MP3 음원을 들으면서 동시에 전체 문단을 따라 말해보세요.

I gave them a saying to say: "I am somebody. I was somebody when I came. I'll be a better somebody when I leave. I am powerful, and I am strong. I deserve the education that I get here. I have things to do, people to impress, and places to go." And they said, "Yeah!" You say it long enough, it starts to be a part of you.

나는 사람들에게 이렇게 말해보라고 했다. "나는 특별한 사람이다. 나는 태어날 때 특별한 사람이었다. 나는 세상을 떠날 때 더 나은 특별한 사람이 되어 있을 것이다. 나는 영향력이 있고 강하다. 나는 여기서 교육을 받을 가치가 있다. 나는 할 일이 있고, 감명을 줄 사람들이 있으며, 갈 곳이 있다." 그러면 그들이 "맞아요"라고 말한다. 충분히 오랫동안 이렇게 말하면, 그것이 자신의 일부가 되기 시작한다.

주요 표현 외워 말하기 | 한국어 표현을 보고, 해당하는 영어 표현을 입으로 말해보세요.

❶ 나는 특별한 사람이다.
❷ 나는 세상을 떠날 때 더 나은 특별한 사람이 되어 있을 것이다.
❸ 나는 여기서 교육을 받을 가치가 있다.

❶ 나는 특별한 사람이다. I am somebody.
❷ 나는 세상을 떠날 때 더 나은 특별한 사람이 되어 있을 것이다.
 I'll be a better somebody when I leave.
❸ 나는 여기서 교육을 받을 가치가 있다. I deserve the education that I get here.

함께 읽기

리타 피어슨(Rita Pierson)은 미국의 교육가이자 교육자를 대상으로 한 강연자였다. 1972년 이후 교육에 종사하며, 각급 학교에서 상담가, 시험 감독 및 교감으로 재직했다. 불우한 학생들의 교육에 집중하며, 이에 대해 강연했다. 본문은 2013년 TED에서 했던 "모든 아이에겐 챔피언이 필요하다"라는 제목의 강연 일부이다. 같은 해 타계했다. somebody는 '대단한 사람', '특별한 사람'이라는 뜻이 있고, nobody는 '별 볼일 없는 사람'이란 뜻이 있다.

Day 079

The light of love is always in us

사랑의 빛은 언제나 우리 안에 있다

- Bell Hooks (벨 훅스: 그녀의 책 《All About Love》 중)

| Step ❶ preview | Step ❷ sentence | Step ❸ paragraph | Step ❹ exercise |

내용 미리보기 | 오늘 배울 내용입니다. 눈으로 한번 훑어보세요.

In an ideal world we would all learn in childhood to love ourselves. We would grow, being secure in our worth and value, spreading love wherever we went, letting our light shine. If we did not learn self-love in our youth, there is still hope. The light of love is always in us, no matter how cold the flame. It is always present, waiting for the spark to ignite, waiting for the heart to awaken and call us back to the first memory of being the life force inside a dark place waiting to be born – waiting to see the light.

한 문장씩 따라 말하기 | MP3 음원을 들으면서 한 문장[구]씩 따라 말해보세요.

❶ In an ideal world we would all learn in childhood to love ourselves.

❷ We would grow, being secure in our worth and value, spreading love wherever we went, letting our light shine.

❸ If we did not learn self-love in our youth, there is still hope.

❹ The light of love is always in us, no matter how cold the flame.

❺ It is always present, waiting for the spark to ignite, waiting for the heart to awaken and call us back /

❻ to the first memory of being the life force inside a dark place waiting to be born – waiting to see the light.

---

❶ 이상적인 세계에서 우리는 모두 아동기에 자신을 사랑하는 법을 배우기 마련이다.

❷ 우리는 우리의 가치에 대해 확신을 가지며 가는 곳마다 사랑을 퍼뜨리고 우리의 빛이 빛나도록 하며 자라는 법이다.

❸ 어린 시절에 자기애를 배우지 못했다 해도 여전히 희망은 있다.

❹ 사랑의 빛은 그 불꽃이 아무리 차갑다고 해도 언제나 우리 안에 있다.

❺ 사랑의 빛은 점화해줄 불꽃을 기다리고, 심장이 깨어나서 우리를 불러주기를 기다리며 늘 존재한다.

❻ 어둠 속에서 태어나기를 기다리던, 빛을 보기를 기다리던 생명력이었던 최초의 기억으로.

---

ideal 이상적인 secure 안정된 lame 불꽃 present 존재하는, 참석한 ignite 점화하다 awaken 깨우다, 깨어나다

전체 문단 따라 말하기 | MP3 음원을 들으면서 동시에 전체 문단을 따라 말해보세요.

In an ideal world we would all learn in childhood to love ourselves. We would grow, being secure in our worth and value, spreading love wherever we went, letting our light shine. If we did not learn self-love in our youth, there is still hope. The light of love is always in us, no matter how cold the flame. It is always present, waiting for the spark to ignite, waiting for the heart to awaken and call us back to the first memory of being the life force inside a dark place waiting to be born – waiting to see the light.

이상적인 세계에서 우리는 모두 아동기에 자신을 사랑하는 법을 배우기 마련이다. 우리는 우리의 가치에 대해 확신을 가지며 가는 곳마다 사랑을 퍼뜨리고 우리의 빛이 빛나도록 하며 자라는 법이다. 어린 시절에 자기애를 배우지 못했다 해도 여전히 희망이 있다. 사랑의 빛은 그 불꽃이 아무리 차갑다고 해도 언제나 우리 안에 있다. 사랑의 빛은 점화해줄 불꽃을 기다리고, 심장이 깨어나서 우리를 최초의 기억으로 불러주기를 기다리며 늘 존재한다. 어둠 속에서 태어나기를 기다리던, 빛을 보기를 기다리던 생명력으로 존재하던 최초의 기억으로 말이다.

주요 표현 외워 말하기 | 한국어 표현을 보고, 해당하는 영어 표현을 입으로 말해보세요.

❶ 우리는 아동기에 자신을 사랑하는 법을 배우기 마련이다.
❷ 우리가 어린 시절에 자기애를 배우지 못했다 해도 여전히 희망은 있다.
❸ 사랑의 빛은 그 불꽃이 아무리 차갑다고 해도 언제나 우리 안에 있다.

❶ 우리는 아동기에 자신을 사랑하는 법을 배우기 마련이다.
   We would learn in childhood to love ourselves.
❷ 우리가 어린 시절에 자기애를 배우지 못했다 해도 여전히 희망은 있다.
   If we did not learn self-love in our youth, there is still hope.
❸ 사랑의 빛은 그 불꽃이 아무리 차갑다고 해도 언제나 우리 안에 있다.
   The light of love is always in us, no matter how cold the flame.

함께
읽기

벨 훅스(Bell Hooks)는 미국의 작가이자 페미니스트, 사회운동가로 본명은 글로리아 진 왓킨스(Gloria Jean Watkins)이다. 인종과 자본주의, 젠더에 관한 글을 쓰고 강연을 해왔다. 30권이 넘는 책을 집필했으며, 대표작으로 《행복한 페미니즘》, 《모두를 위한 페미니즘》이 있다. 첫 문장과 두 번째 문장은 가정법으로, In an ideal world에 '이상적인 세계에 우리가 살고 있다면'이라는 의미의 조건이 들어가 있다.

Try again

다시 시도하라

- *Sheryl Sandberg* (셰릴 샌드버그: 2011년 바나드칼리지 졸업 연설 중)

| Step ❶ preview | Step ❷ sentence | Step ❸ paragraph | Step ❹ exercise |

내용 미리보기 | 오늘 배울 내용입니다. 눈으로 한번 훑어보세요.

What about the rat race in the first place? Is it worthwhile? Or are you just buying into someone else's definition of success? Only you can decide that, and you'll have to decide it over and over and over. But if you think it's a rat race, before you drop out, take a deep breath. Maybe you picked the wrong job. Try again. And then try again.

한 문장씩 따라 말하기 | MP3 음원을 들으면서 한 문장[구]씩 따라 말해보세요.

❶ What about the rat race in the first place?

❷ Is it worthwhile?

❸ Or are you just buying into someone else's definition of success?

❹ Only you can decide that, and you'll have to decide it over and over and over.

❺ But if you think it's a rat race, before you drop out, take a deep breath.

❻ Maybe you picked the wrong job.

❼ Try again. And then try again.

---

❶ 무엇보다도 그 극심한 경쟁은 어쩔 것인가?

❷ 그건 그럴 만한 가치가 있는 걸까?

❸ 아니면 다른 누군가가 내려놓은 성공의 정의를 그저 믿고 있는 것인가?

❹ 오직 당신만이 그걸 결정할 수 있다, 그리고 거듭해서 결정해야 할 것이다.

❺ 그러나 그게 극심한 생존 경쟁이라 생각한다면, 떨어져 나오기 전에 숨을 깊게 들이쉬어라.

❻ 아마도 당신은 맞지 않는 일을 골랐을 것이다.

❼ 다시 시도하라. 그러고 나서 또 다시 시도하라.

---

rat race 극심한 생존 경쟁 in the first place 우선, 먼저, 무엇보다도 worthwhile 가치가 있는 buy into 믿다 definition 정의 drop out 떨어져 나가다, 중퇴하다

전체 문단 따라 말하기 | MP3 음원을 들으면서 동시에 전체 문단을 따라 말해보세요.

What about the rat race in the first place? Is it worthwhile? Or are you just buying into someone else's definition of success? Only you can decide that, and you'll have to decide it over and over and over. But if you think it's a rat race, before you drop out, take a deep breath. Maybe you picked the wrong job. Try again. And then try again.

무엇보다도 그 극심한 경쟁은 어쩔 것인가? 그건 그럴 만한 가치가 있는 걸까? 아니면 다른 누군가가 내려놓은 성공의 정의를 그저 믿고 있는 것인가? 오직 당신만이 그걸 결정할 수 있다, 그리고 거듭해서 결정해야 할 것이다. 그러나 그게 극심한 생존 경쟁이라 생각한다면, 떨어져 나오기 전에 숨을 깊게 들이쉬어라. 아마도 당신은 맞지 않는 일을 골랐을 것이다. 다시 시도하라. 그러고 나서 또 다시 시도하라

주요 표현 외워 말하기 | 한국어 표현을 보고, 해당하는 영어 표현을 입으로 말해보세요.

❶ 그건 그럴 만한 가치가 있는 걸까?
❷ 당신은 다른 누군가의 정의를 그저 믿고 있는 것인가?
❸ 아마도 당신은 맞지 않는 일을 골랐을 것이다.

---

❶ 그건 그럴 만한 가치가 있는 걸까? Is it worthwhile?
❷ 당신은 다른 누군가의 정의를 그저 믿고 있는 것인가?
　 Are you just buying into someone else's definition?
❸ 아마도 당신은 맞지 않는 일을 골랐을 것이다. Maybe you picked the wrong job.

**함께
읽기**

셰릴 샌드버그(Sheryl Sandberg)는 미국의 여성 기업인으로, 페이스북의 운영책임자(COO)이다. 2012년 미국 〈포브스〉 지가 선정한 세계에서 가장 영향력 있는 여성 12위에 오르기도 했다. 미국 재무부장관 참모를 거쳐 구글에서 일하다가 페이스북으로 자리를 옮겨 페이스북 최초의 여성 이사진이 되었다. 여기서 rat race는 쥐들을 미로가 있는 상자 속에 가두고 맨 끝의 치즈를 찾아 달리게 하는 경주로, 이 사회의 인간들이 소모품처럼 경쟁하며 일하는 모습에 비유해 극심한 경쟁의 상황을 일컬을 때 쓴다.

You have more than we had

여러분은 과거 우리들보다 더 많은 것을 현재 가지고 있다

- Bill Gates (빌 게이츠: 2007년 하버드대학교 졸업 연설 중)

| Step ❶ preview | Step ❷ sentence | Step ❸ paragraph | Step ❹ exercise |

내용 미리보기 | 오늘 배울 내용입니다. 눈으로 한번 훑어보세요.

We can make market forces work better for the poor if we can develop a more creative capitalism – if we can stretch the reach of market forces so that more people can make a profit, or at least make a living, serving people who are suffering from the worst inequities. You have more than we had; you must start sooner, and carry on longer.

한 문장씩 따라 말하기 | MP3 음원을 들으면서 한 문장[구]씩 따라 말해보세요.

❶ We can make market forces work better for the poor /
❷ if we can develop a more creative capitalism –
❸ if we can stretch the reach of market forces /
❹ so that more people can make a profit, or at least make a living,
❺ serving people who are suffering from the worst inequities.
❻ You have more than we had;
❼ you must start sooner, and carry on longer.

---

❶ 우리는 시장 원리가 가난한 이들을 위해 더 잘 작용하도록 만들 수 있다.
❷ 우리가 보다 창의적인 자본주의를 만들 수 있다면
❸ 우리가 시장 원리의 범위를 늘릴 수 있다면
❹ 더 많은 이들이 수익을 내거나 아니면 최소한 생계를 유지할 수 있도록
❺ 최악의 불평등으로 고통 받는 이들에게 도움을 주며
❻ 여러분은 과거 우리들보다 더 많은 것을 현재 가지고 있다.
❼ 여러분은 더 일찍 시작해서, 더 오래 버텨야 한다.

market force 시장 원리 capitalism 자본주의 stretch 늘리다 profit 이윤, 수익 inequity 불평등

전체 문단 따라 말하기 | MP3 음원을 들으면서 동시에 전체 문단을 따라 말해보세요.

We can make market forces work better for the poor if we can develop a more creative capitalism – if we can stretch the reach of market forces so that more people can make a profit, or at least make a living, serving people who are suffering from the worst inequities. You have more than we had; you must start sooner, and carry on longer.

우리가 보다 창의적인 자본주의를 만들 수 있다면, 우리는 가난한 이들을 위해 시장 원리가 더 잘 작용하도록 만들 수 있다. 우리가 시장 원리의 범위를 늘려서 더 많은 이들이 수익을 내거나 아니면 최소한 생계를 유지할 수 있고, 최악의 불평등으로 고통 받는 이들에게 도움이 될 수 있다면 말이다. 여러분은 과거 우리들보다 더 많은 것을 현재 가지고 있다. 여러분은 더 일찍 시작해서 더 오래 버텨야 한다.

주요 표현 외워 말하기 | 한국어 표현을 보고, 해당하는 영어 표현을 입으로 말해보세요.

❶ 우리는 시장 원리가 가난한 이들을 위해 더 잘 작용하도록 만들 수 있다.

❷ 더 많은 이들이 수익을 낼 수 있다.

❸ 여러분은 더 일찍 시작해서 더 오래 버텨야 한다.

---

❶ 우리는 시장 원리가 가난한 이들을 위해 더 잘 작용하도록 만들 수 있다.
We can make market forces work better for the poor.

❷ 더 많은 이들이 수익을 낼 수 있다. More people can make a profit.

❸ 여러분은 더 일찍 시작해서 더 오래 버텨야 한다. You must start sooner, and carry on longer.

함께 읽기

빌 게이츠(Bill Gates)는 미국의 기업가이자 컴퓨터 프로그래머이다. 하버드대학을 중퇴하고 1975년 폴 알렌과 함께 마이크로소프트사를 창업, 세계 최대의 컴퓨터 소프트웨어 회사로 만들었다. 지금은 최고경영자에서 물러나 회장과 경영 고문을 맡고 있다. 본문의 You have more than we had에서 비교되는 두 대상은 현재형 have와 과거형 had이므로, '과거의 우리'와 '현재의 여러분'으로 해석하는 것이 자연스럽다.

Have dreams but have goals

꿈을 갖되 목표도 가져라

- Denzel Washington (덴젤 워싱턴: 딜라드대학교 졸업 연설 중)

| Step ❶ **preview** | Step ❷ sentence | Step ❸ paragraph | Step ❹ exercise |

내용 미리보기 | 오늘 배울 내용입니다. 눈으로 한번 훑어보세요.

Don't be afraid to dream big, but remember dreams without goals are just dreams and they ultimately fuel disappointment. So have dreams but have goals. To achieve these goals, you must apply discipline and consistency every day. You have to work at it. I try to give myself a goal every day. Sometimes it's just not to curse somebody out.

한 문장씩 따라 말하기 | MP3 음원을 들으면서 한 문장[구]씩 따라 말해보세요.

❶ Don't be afraid to dream big,

❷ but remember dreams without goals are just dreams /

❸ and they ultimately fuel disappointment.

❹ So have dreams but have goals.

❺ To achieve these goals, you must apply discipline and consistency every day.

❻ You have to work at it.

❼ I try to give myself a goal every day.

❽ Sometimes it's just not to curse somebody out.

---

❶ 꿈을 크게 꾸는 것을 두려워하지 마라.

❷ 그러나 목표가 없는 꿈은 그저 꿈일 뿐이라는 걸 명심하라.

❸ 그리고 그런 꿈들은 결국 실망만 불러올 뿐이다.

❹ 그러니 꿈을 갖되 목표도 가져라.

❺ 이러한 목표를 달성하기 위해서는 절제와 일관성을 매일 적용해야 한다.

❻ 그 일에 매달려야 한다.

❼ 나는 매일 나 자신에게 목표를 주려고 한다.

❽ 때로는 그건 그저 누군가에게 화가 나서 욕하지 않는 것일 수도 있다.

goal 목표 ultimately 궁극적으로 fuel 연료를 공급하다, 부채질하다 disappointment 실망
discipline 절제 consistency 일관성 curse out 화가 나서 욕하다

전체 문단 따라 말하기 | MP3 음원을 들으면서 동시에 전체 문단을 따라 말해보세요.

Don't be afraid to dream big, but remember dreams without goals are just dreams and they ultimately fuel disappointment. So have dreams but have goals. To achieve these goals, you must apply discipline and consistency every day. You have to work at it. I try to give myself a goal every day. Sometimes it's just not to curse somebody out.

꿈을 크게 가지는 것을 두려워하지 마라. 그러나 목표가 없는 꿈은 그저 꿈일 뿐이라는 걸 명심하라, 그리고 그런 꿈들은 결국에는 실망만 불러올 뿐이다. 그러니 꿈을 갖되 목표도 가져라. 이러한 목표를 달성하기 위해서는 매일 절제와 일관성을 적용해야 한다. 그 일에 매달려야 한다. 나는 매일 나 자신에게 목표를 주려고 한다. 때로는 그건 그저 누군가에게 화가 나서 욕하지 않는 것일 수도 있다.

주요 표현 외워 말하기 | 한국어 표현을 보고, 해당하는 영어 표현을 입으로 말해보세요.

❶ 큰 꿈을 꾸는 것을 두려워하지 마라.
❷ 목표가 없는 꿈은 그저 꿈일 뿐이다.
❸ 이러한 목표를 달성하기 위해서 당신은 매일 절제와 일관성을 적용해야 한다.

---

❶ 큰 꿈을 꾸는 것을 두려워하지 마라. Don't be afraid to dream big.
❷ 목표가 없는 꿈은 그저 꿈일 뿐이다. Dreams without goals are just dreams.
❸ 이러한 목표를 달성하기 위해서 당신은 매일 절제와 일관성을 적용해야 한다.
　 To achieve these goals, you must apply discipline and consistency every day.

함께 읽기
덴젤 워싱턴(Denzel Washington)은 미국의 배우이자 영화감독으로, 스파이크 리와 제리 부룩하이머의 영화에 출연하며 왕성한 활동을 했다. 1990년대에 아카데미상 2회, 골든글로브상 3회 수상 경력을 가지고 있으며, 2016년 골든글로브에서는 공로상을 받았다. 대표작으로 〈말콤〉, 〈펠리칸 브리프〉, 〈필라델피아〉 등이 있다. fuel은 동사로 '불길이 일어나는데 연료를 붓다'의 뜻으로 쓰인다.

Act up
제멋대로 굴어라

- *Mark Ruffalo* (마크 러팔로: 2015년 디킨슨칼리지 졸업 연설 중)

| Step **1** preview | Step **2** sentence | Step **3** paragraph | Step **4** exercise |

내용 미리보기 | 오늘 배울 내용입니다. 눈으로 한번 훑어보세요.

I'm asking each of you, at some point, to act up – be misbehaved.
Buck the system. Fight for what you believe in. This is the
time to do it. You're the ones to do it. Your world, like no other
generation, you actually get to create the world that you can
imagine. And never in the history of mankind has it been so
available to so many people to do that thing.

한 문장씩 따라 말하기 | MP3 음원을 들으면서 한 문장[구]씩 따라 말해보세요.

❶ I'm asking each of you, at some point, to act up – be misbehaved.
❷ Buck the system. Fight for what you believe in.
❸ This is the time to do it. You're the ones to do it.
❹ Your world, like no other generation, you actually get to create the world that you can imagine.
❺ And never in the history of mankind has it been so available to so many people to do that thing.

---

❶ 여러분 각각에게 요청하는 바이다. 어느 시점이 되면 제멋대로 굴라고. 버릇없이 굴라고.
❷ 체제에 저항하라. 믿는 바를 위해 싸우라.
❸ 지금이 그렇게 할 때다. 여러분이 그 일을 할 사람들이다.
❹ 여러분의 세계는 여느 다른 세대들과는 달리 상상할 수 있는 세계를 실제 창조하게 된다.
❺ 그리고 인류의 역사에서는 그렇게나 많은 이들에게 이것이 가능했던 적이 없다.

act up 버릇없이 굴다 misbehaved 버릇없는 buck 저항하다 generation 세대 mankind 인류 available 이용 가능한

전체 문단 따라 말하기 | MP3 음원을 들으면서 동시에 전체 문단을 따라 말해보세요.

I'm asking each of you, at some point, to act up – be misbehaved. Buck the system. Fight for what you believe in. This is the time to do it. You're the ones to do it. Your world, like no other generation, you actually get to create the world that you can imagine. And never in the history of mankind has it been so available to so many people to do that thing.

여러분 각각에게 요청하는 바이다. 어느 시점이 되면 제멋대로 굴라고. 버릇없이 굴라고. 체제에 저항하고, 믿는 바를 위해 싸우라. 지금이 그렇게 할 때다. 여러분이 그 일을 할 사람들이다. 여러분의 세계는 다른 세대들과는 달리 상상할 수 있는 세계를 실제 창조하게 된다. 그리고 인류의 역사에서는 그렇게나 많은 이들에게 이런 일이 가능했던 적이 없다.

주요 표현 외워 말하기 | 한국어 표현을 보고, 해당하는 영어 표현을 입으로 말해보세요.

❶ 나는 여러분 각각에게 제멋대로 굴라고 요청하는 바이다.

❷ 체제에 저항하라.

❸ 당신이 믿는 바를 위해 싸우라.

---

❶ 나는 여러분 각각에게 제멋대로 굴라고 요청하는 바이다. I'm asking each of you to act up.

❷ 체제에 저항하라. Buck the system.

❸ 당신이 믿는 바를 위해 싸우라. Fight for what you believe in.

함께 읽기

마크 러팔로(Mark Ruffalo)는 미국의 배우이자 감독, 영화 제작자, 사회 운동가 이다. 마블 코믹스에 기초한 영화 〈어벤져스〉 시리즈에서 헐크 역을 맡으면서 전 세계적으로 유명해졌다. 본문은 2015년 디킨슨칼리지 졸업 연설에서 그가 했던 말 중 일부이다. 본문에서 Your world, like no other generation 부분은 어법에 맞지 않으나, 구어체에서 앞서 말한 내용을 반복하기 위해서 (주로 주어 에서 나타남 e.g. Student, they tend to ~) Your World와 the world가 같다고 보면 된다.

There is no such thing as failure

실패 같은 건 없다

- Oprah Winfrey (오프라 윈프리: 2013년 하버드대학교 졸업 연설 중)

| Step ❶ preview | Step ❷ sentence | Step ❸ paragraph | Step ❹ exercise |

내용 미리보기 | 오늘 배울 내용입니다. 눈으로 한번 훑어보세요.

It doesn't matter how far you might rise. At some point you are bound to stumble. If you're constantly pushing yourself higher, the law of averages, not to mention the Myth of Icarus, predicts that you will at some point fall. And when you do I want you to know this, remember this: There is no such thing as failure. Failure is just life trying to move us in another direction.

한 문장씩 따라 말하기 | MP3 음원을 들으면서 한 문장[구]씩 따라 말해보세요.

❶ It doesn't matter how far you might rise.

❷ At some point you are bound to stumble.

❸ If you're constantly pushing yourself higher,

❹ the law of averages, not to mention the Myth of Icarus, predicts that you will at some point fall.

❺ And when you do I want you to know this, remember this:

❻ There is no such thing as failure.

❼ Failure is just life trying to move us in another direction.

---

❶ 얼마나 멀리까지 날아오르는지는 중요하지 않다.

❷ 어떤 시점이 되면 발을 헛디딜 수밖에 없다.

❸ 자신을 위로 계속 밀어붙인다면

❹ 이카루스의 신화를 말할 것도 없이, 평균의 법칙은 어떤 시점에서 당신이 넘어질 거라고 예측한다.

❺ 그리고 넘어지게 될 때는 이 점을 알고 기억했으면 한다.

❻ 실패 같은 건 없다.

❼ 실패란 단지 삶이 우리를 다른 방향으로 움직이려고 하는 것일 뿐이다.

*이카루스: 날개를 붙여 달고 하늘을 더 높이 날아오르다 날개를 붙인 아교가 녹아 추락해 죽은 신화 속 인물

---

rise 오르다, 성공하다　bound 묶인　be bound to V ~할 수밖에 없다　stumble 발을 헛디디다　constantly 끊임 없이, 계속　Myth of Icarus 이카루스의 신화　predict 예언하다　direction 방향

전체 문단 따라 말하기 | MP3 음원을 들으면서 동시에 전체 문단을 따라 말해보세요.

It doesn't matter how far you might rise. At some point you are bound to stumble. If you're constantly pushing yourself higher, the law of averages, not to mention the Myth of Icarus, predicts that you will at some point fall. And when you do I want you to know this, remember this: There is no such thing as failure. Failure is just life trying to move us in another direction.

얼마나 멀리까지 날아오르는지는 중요하지 않다. 어떤 시점이 되면 발을 헛디딜 수밖에 없다. 자신을 위로 계속 밀어붙인다면 이카루스의 신화를 말할 것도 없이, 평균의 법칙이 어떤 시점에서 당신이 넘어질 거라고 예측한다. 그리고 넘어지게 될 때는 이 점을 알고 기억했으면 한다. 실패 같은 건 없다. 실패란 단지 삶이 우리를 다른 방향으로 움직이려고 하는 것일 뿐이다.

주요 표현 외워 말하기 | 한국어 표현을 보고, 해당하는 영어 표현을 입으로 말해보세요.

❶ 당신이 얼마나 멀리까지 날아오르는지는 중요하지 않다.
❷ 어떤 시점이 되면 발을 헛디딜 수밖에 없다.
❸ 실패 같은 건 없다.

❶ 당신이 얼마나 멀리까지 날아오르는지는 중요하지 않다. It doesn't matter how far you might rise.
❷ 어떤 시점이 되면 발을 헛디딜 수밖에 없다. At some point you are bound to stumble.
❸ 실패 같은 건 없다. There is no such thing as failure.

함께
읽기

오프라 윈프리(Oprah Winfrey)는 '미디어의 여왕'이라 불리는 미국의 방송인이자 토크쇼 진행자, 배우이다. 20세기 미국에서 가장 부유한 아프리카계 미국인으로 꼽혔으며, 현재는 미국 최초의 수십억 달러 자산을 가진 흑인이다. 버락 오바마 대통령에게 자유 훈장을 받았으며, 듀크대와 하버드대에서 명예박사 학위를 받았다. 몇몇 조사에서 세계에서 가장 영향력 있는 여성으로 뽑히기도 했다. 세 번째 문장 you will 다음에는 stumble이 생략되었고, 네 번째 문장 when you do의 do도 stumble을 받는 대동사이다.

Pour your heart

온 마음을 다하라

- *Emma Watson* (엠마 왓슨: 2013년 MTV 시상식 연설 중)

| Step ❶ preview | Step ❷ sentence | Step ❸ paragraph | Step ❹ exercise |

내용 미리보기 | 오늘 배울 내용입니다. 눈으로 한번 훑어보세요.

Becoming yourself is really hard and confusing, and it's a process. I was completely the eager beaver in school, I was the girl in the front of the class who was the first person to put her hand up, and it's often not cool to be the person that puts themselves out there, and I've often gotten teased mercilessly, but I found that ultimately if you truly pour your heart into what you believe in – even if it makes you vulnerable – amazing things can and will happen.

한 문장씩 따라 말하기 | MP3 음원을 들으면서 한 문장[구]씩 따라 말해보세요.

❶ Becoming yourself is really hard and confusing, and it's a process.

❷ I was completely the eager beaver in school,

❸ I was the girl in the front of the class who was the first person to put her hand up,

❹ and it's often not cool to be the person that puts themselves out there,

❺ and I've often gotten teased mercilessly,

❻ but I found that ultimately if you truly pour your heart into what you believe in –

❼ even if it makes you vulnerable – amazing things can and will happen.

---

❶ 자기 자신이 된다는 것은 정말로 어렵고 혼란스러운 일이며 하나의 과정이다.

❷ 나는 학교에서 완전히 공부벌레였다.

❸ 나는 수업 시간에 앞에 앉아 가장 먼저 손을 드는 여자아이였다.

❹ 자신을 그렇게 내어놓는 사람이 되는 건 종종 좋지 않은 일이다.

❺ 그래서 나는 종종 무자비하게 놀림을 당하곤 했다.

❻ 하지만 난 결국엔 이걸 알게 되었다. 믿는 바에 전심을 다 쏟으면

❼ 그것 때문에 상처받기 쉽게 된다고 할지라도 놀라운 일들이 일어날 수 있고 일어나기 마련이라는 것이다.

confusing 혼란스러운   eager beaver 아주 열심인 사람, 공부벌레   tease 놀리다
mercilessly 무자비하게, 인정사정없이   pour one's heart 정성을 쏟다, 전심을 기울이다   vulnerable 상처 입기 쉬운

전체 문단 따라 말하기 | MP3 음원을 들으면서 동시에 전체 문단을 따라 말해보세요.

Becoming yourself is really hard and confusing, and it's a process. I was completely the eager beaver in school, I was the girl in the front of the class who was the first person to put her hand up, and it's often not cool to be the person that puts themselves out there, and I've often gotten teased mercilessly, but I found that ultimately if you truly pour your heart into what you believe in – even if it makes you vulnerable – amazing things can and will happen.

자기 자신이 된다는 것은 정말로 어렵고 혼란스러운 일이며 하나의 과정이다. 나는 학교에서 완전히 공부벌레였다. 수업 시간에 앞에 앉아 가장 먼저 손을 드는 여자아이였다. 자신을 그렇게 내어놓는 사람이 되는 건 종종 좋지 않은 일이다. 그래서 나는 종종 무자비하게 놀림을 당하곤 했다. 하지만 난 결국엔 믿는 바에 온 마음을 다 쏟으면 비록 그것 때문에 상처받기 쉽게 된다고 할지라도 놀라운 일들이 일어날 수 있고 일어나기 마련이라는 것을 알게 되었다.

주요 표현 외워 말하기 | 한국어 표현을 보고, 해당하는 영어 표현을 입으로 말해보세요.

❶ 자기 자신이 된다는 것은 정말로 어렵고 혼란스러운 일이다.
❷ 나는 종종 무자비하게 놀림을 당하곤 했다.
❸ 놀라운 일들이 일어날 수 있고 일어나기 마련이다.

❶ 자기 자신이 된다는 것은 정말로 어렵고 혼란스러운 일이다.
　Becoming yourself is really hard and confusing.
❷ 나는 종종 무자비하게 놀림을 당하곤 했다. I've often gotten teased mercilessly.
❸ 놀라운 일들이 일어날 수 있고 일어나기 마련이다. Amazing things can and will happen.

함께 읽기

엠마 왓슨(Emma Watson)은 영국의 배우이자 모델로, 2001년부터 2011년까지 총 8편의 〈해리 포터〉 시리즈에 헤르미온느 역으로 출연하면서 세계적인 명성을 얻었다. 연기와 학업을 병행, 브라운대학교와 옥스포드대학에서 공부했으며, 브라운대학에서 영문학 학위를 받고 졸업했다. 버버리와 랑콤의 모델로 활약했으며, 유엔 여성인권 친선대사로서 여성인권 문제를 위해 일하고 있다. 마지막 문장에서 can happen and will happen이 반복으로 인해 can and will로 쓰였다.

This is to have succeeded

이것이 성공했다는 것이다

- Bessie Anderson Stanley (베시 앤더슨 스탠리: 《Heart Throb》 중)

| Step ❶ preview | Step ❷ sentence | Step ❸ paragraph | Step ❹ exercise |

내용 미리보기 | 오늘 배울 내용입니다. 눈으로 한번 훑어보세요.

To laugh often and much; To win the respect of intelligent people and the affection of children; To earn the appreciation of honest critics and endure the betrayal of false friends; To appreciate beauty, to find the best in others; To leave the world a bit better, whether by a healthy child, a garden patch, or a redeemed social condition; To know even one life has breathed easier because you have lived. This is to have succeeded.

한 문장씩 따라 말하기 | MP3 음원을 들으면서 한 문장[구]씩 따라 말해보세요.

❶ To laugh often and much;

❷ To win the respect of intelligent people and the affection of children;

❸ To earn the appreciation of honest critics and endure the betrayal of false friends;

❹ To appreciate beauty, to find the best in others;

❺ To leave the world a bit better, whether by a healthy child, a garden patch, or a redeemed social condition;

❻ To know even one life has breathed easier because you have lived.

❼ This is to have succeeded.

---

❶ 자주 그리고 많이 웃는 것

❷ 똑똑한 이들의 존경과 아이들의 애정을 얻는 것

❸ 정직한 비평가들의 찬사를 얻고 거짓 친구들의 배신을 참는 것

❹ 아름다움을 음미하는 것, 다른 이들에게서 최상의 것들을 찾는 것

❺ 건강한 아이를 남겨서이든, 정원 한 뙈기를 남겨서이든, 혹은 사회 상황을 구원해서이든, 세상을 조금 더 나은 곳으로 만들어 놓고 떠나는 것

❻ 당신이 살았기에 한 생명이라도 숨쉬기가 더 쉬웠다는 걸 아는 것

❼ 이것이 성공했다는 것이다.

---

intelligent 똑똑한, 지적인 affection 애정 appreciation 감상, 찬사 endure 견디다 betrayal 배신
appreciate 음미하다, 누리다 patch 조각, 패치 breathe 숨쉬다, 호흡하다 redeemed 구원받은

전체 문단 따라 말하기 | MP3 음원을 들으면서 동시에 전체 문단을 따라 말해보세요.

To laugh often and much; To win the respect of intelligent people and the affection of children; To earn the appreciation of honest critics and endure the betrayal of false friends; To appreciate beauty, to find the best in others; To leave the world a bit better, whether by a healthy child, a garden patch, or a redeemed social condition; To know even one life has breathed easier because you have lived. This is to have succeeded.

자주 그리고 많이 웃는 것, 똑똑한 이들의 존경과 아이들의 애정을 얻는 것, 정직한 비평가들의 찬사를 얻고 거짓 친구들의 배신을 참는 것, 아름다움을 음미하는 것, 다른 이들에게서 최상의 것들을 찾는 것. 건강한 아이를 남겨서이든, 정원 한 뙈기를 남겨서이든, 혹은 사회 상황을 구원해서이든, 세상을 조금 더 나은 곳으로 만들어 놓고 떠나는 것. 당신이 살았기에 한 생명이라도 숨쉬기가 더 쉬웠다는 걸 아는 것. 이것이 성공했다는 것이다.

주요 표현 외워 말하기 | 한국어 표현을 보고, 해당하는 영어 표현을 입으로 말해보세요.

❶ 자주 그리고 많이 웃어라.
❷ 거짓 친구들의 배신을 참으라.
❸ 다른 이들 속에서 최상의 것들을 찾으라.

❶ 자주 그리고 많이 웃어라. Laugh often and much.
❷ 거짓 친구들의 배신을 참으라. Endure the betrayal of false friends.
❸ 다른 이들 속에서 최상의 것들을 찾으라. Find the best in others.

함께 읽기 베시 앤더슨 스탠리(Bessie Anderson Stanley)는 미국의 작가로 1952년 작고했다. 〈성공은 무엇인가〉라는 시를 쓴 작가이나 이 시는 간혹 에머슨의 작품으로 잘못 알려져 있기도 하다.

Beautiful people do not just happen

아름다운 이들이 그냥 생겨나지 않는다.

- Elisabeth Küler-Ross (엘리자베스 퀴블러 로스: 《Death: The Final Stage of Growth》 중)

| Step ❶ preview | Step ❷ sentence | Step ❸ paragraph | Step ❹ exercise |

내용 미리보기 | 오늘 배울 내용입니다. 눈으로 한번 훑어보세요.

The most beautiful people we have known are those who have known defeat, known suffering, known struggle, known loss, and have found their way out of the depths. These persons have an appreciation, a sensitivity, and an understanding of life that fills them with compassion, gentleness, and a deep loving concern. Beautiful people do not just happen.

한 문장씩 따라 말하기 | MP3 음원을 들으면서 한 문장[구]씩 따라 말해보세요.

❶ The most beautiful people we have known are /

❷ those who have known defeat, known suffering, known struggle, known loss,

❸ and have found their way out of the depths.

❹ These persons have an appreciation, a sensitivity, and an understanding of life /

❺ that fills them with compassion, gentleness, and a deep loving concern.

❻ Beautiful people do not just happen.

---

❶ 우리가 아는 이들 중 가장 아름다운 이들은

❷ 패배를 알고, 고통을 알고, 투쟁을 알고, 상실을 아는 이들이고

❸ 구렁텅이에서 나오는 방법을 찾아낸 이들이다.

❹ 이런 이들은 삶에 대한 감사, 감수성 그리고 이해를 지니고 있다.

❺ 이것은 그들을 연민과 관대함과 깊은 사랑에서 우러나오는 관심으로 채워준다.

❻ 아름다운 이들은 그냥 생겨나지 않는다.

defeat 패배 suffering 고통 struggle 투쟁 depth 구렁텅이 appreciation 감사 sensitivity 감수성
compassion 연민 concern 관심

전체 문단 따라 말하기 | MP3 음원을 들으면서 동시에 전체 문단을 따라 말해보세요.

The most beautiful people we have known are those who have known defeat, known suffering, known struggle, known loss, and have found their way out of the depths. These persons have an appreciation, a sensitivity, and an understanding of life that fills them with compassion, gentleness, and a deep loving concern. Beautiful people do not just happen.

우리가 아는 이들 중 가장 아름다운 이들은 패배를 알고, 고통을 알고, 투쟁을 알고, 상실을 알고, 구렁텅이에서 나오는 방법을 찾아낸 이들이다. 이런 이들은 자신을 연민과 관대함과 깊은 사랑에서 우러나오는 관심으로 그들을 채워주는 삶에 대한 감사, 감수성 그리고 이해를 지니고 있다. 아름다운 이들은 그냥 생겨나지 않는다.

주요 표현 외워 말하기 | 한국어 표현을 보고, 해당하는 영어 표현을 입으로 말해보세요.

❶ 가장 아름다운 이들은 패배를 아는 이들이다.
❷ 이런 사람들은 삶에 대한 이해를 지니고 있다.
❸ 아름다운 이들은 그냥 생겨나지 않는다.

---

❶ 가장 아름다운 이들은 패배를 아는 이들이다.
   The most beautiful people are those who have known defeat.
❷ 이런 사람들은 삶에 대한 이해를 지니고 있다. These persons have an understanding of life.
❸ 아름다운 이들은 그냥 생겨나지 않는다. Beautiful people do not just happen.

함께 읽기

엘리자베스 퀴블러 로스(Elisabeth Kübler-Ross)는 스위스계 미국인 심리 치료가이자 임상 체험 전문가이다. 인간의 죽음에 대한 연구에 일생을 바친 그녀를 미국 시사 주간지 〈타임〉은 '20세기 100대 사상가' 중 한 명으로 선정하기도 했다. '슬픔의 다섯 단계'라는 이론을 통해 슬픔, 고통, 죽음에 대해 성찰하는 주옥같은 글을 남겼으며, 저서로 《죽음과 죽어가는 것》, 《인생 수업》 등이 있다. 본문에서 depths는 '깊이'가 아니라 힘들 때 빠지는 '수렁'이나 '늪', '구렁텅이' 등으로 이해해야 한다.

There are no shortcuts to joy

기쁨에 이르는 지름길은 없다

- Chris Burkard (크리스 버카드: TED 강연 〈얼음물 서핑의 즐거움〉 중)

내용 미리보기 | 오늘 배울 내용입니다. 눈으로 한번 훑어보세요.

> In life, there are no shortcuts to joy. Anything that is worth pursuing is going to require us to suffer just a little bit, and that tiny bit of suffering that I did for my photography, it added a value to my work that was so much more meaningful to me than just trying to fill the pages of magazines. See, I gave a piece of myself in these places, and what I walked away with was a sense of fulfillment I had always been searching for.

한 문장씩 따라 말하기 | MP3 음원을 들으면서 한 문장[구]씩 따라 말해보세요.

❶ In life, there are no shortcuts to joy.

❷ Anything that is worth pursuing is going to require us
to suffer just a little bit,

❸ and that tiny bit of suffering that I did for my photography,

❹ it added a value to my work that was so much more
meaningful to me /

❺ than just trying to fill the pages of magazines.

❻ See, I gave a piece of myself in these places,

❼ and what I walked away with was a sense of fulfillment
I had always been searching for.

---

❶ 삶에서, 기쁨에 이르는 지름길이란 없다.

❷ 추구할 가치가 있는 일이라면 어떤 일이든지 우리가 어느 정도 고통을 겪을 것을 요구한다.

❸ 그 어느 정도의 고통을 나는 내 사진을 위해 겪었다,

❹ 이는 내게 훨씬 더 많은 의미가 있는 가치를 내 작품에 부여해주었다.

❺ 그저 잡지 페이지를 채우는 것보다.

❻ 보라, 이런 곳들에 나는 내 자신의 일부를 내어주었다.

❼ 그리고 떠나올 때 내가 지니게 된 것은 내가 늘 찾아 헤매었던 충족감이었다.

---

shortcut 지름길 pursue 추구하다 suffering 고통, 괴로움 photography 사진 meaningful 의미 있는 fulfillment 충족

전체 문단 따라 말하기 | MP3 음원을 들으면서 동시에 전체 문단을 따라 말해보세요.

In life, there are no shortcuts to joy. Anything that is worth pursuing is going to require us to suffer just a little bit, and that tiny bit of suffering that I did for my photography, it added a value to my work that was so much more meaningful to me than just trying to fill the pages of magazines. See, I gave a piece of myself in these places, and what I walked away with was a sense of fulfillment I had always been searching for.

삶에서, 기쁨에 이르는 지름길이란 없다. 추구할 가치가 있는 일이라면 어떤 일이든지 우리에게 어느 정도 고통을 감수할 것을 요구한다. 그 어느 정도의 고통을 나는 내 사진을 위해 겪었는데, 이는 그저 잡지 페이지를 채우는 것보다 내게 훨씬 더 많은 의미가 있는 가치를 내 작품에 부여해주었다. 보라, 나는 내 자신의 일부를 이런 곳들에 내어 주었다. 그리고 떠나올 때 내가 지니게 된 것은 내가 늘 찾아 헤매었던 충족감이었다.

주요 표현 외워 말하기 | 한국어 표현을 보고, 해당하는 영어 표현을 입으로 말해보세요.

❶ 삶에서, 기쁨에 이르는 지름길이란 없다.
❷ 그것은 내 작품에 가치를 부여해주었다.
❸ 나는 내 자신의 일부를 이런 곳들에 내어주었다.

❶ 삶에서, 기쁨에 이르는 지름길이란 없다. In life, there are no shortcuts to joy.
❷ 그것은 내 작품에 가치를 부여해주었다. It added a value to my work.
❸ 나는 내 자신의 일부를 이런 곳들에 내어주었다. I gave a piece of myself in these places.

함께 읽기

크리스 버카드(Chris Burkard)는 독학으로 사진을 배워 활동하는 미국의 사진작가로, 주로 자연경관, 라이프스타일, 서핑, 여행 등을 주제로 사진을 찍고 있다. 지구상에서 가장 추운 지역으로 가 서핑하기에 가장 완벽한 파도를 찾아 서핑을 하는 동시에 햇빛에 하얗게 표백된 듯한 차가운 파도의 사진들도 찍는다. 본문은 그의 TED 강연 '얼음 물 서핑의 즐거움' 중 일부이다. 본문 I did for my photography에서 did 대신 had나 through를 쓰는 것이 어법상으로는 더 바람직하다.

Your path is your character
당신의 길은 당신의 성격이다

- *Jodie Foster* (조디 포스터: 2006년 펜실베이니아대학교 졸업 연설 중)

| Step ❶ **preview** | Step ❷ sentence | Step ❸ paragraph | Step ❹ exercise |

내용 미리보기 | 오늘 배울 내용입니다. 눈으로 한번 훑어보세요.

There is nothing more beautiful than finding your course as you believe you bob aimlessly in the current. And wouldn't you know that your path was there all along, waiting for you to knock, waiting for you to become? This path does not belong to your parents, your teachers, your leaders, or your lovers. Your path is your character defining itself more and more every day.

한 문장씩 따라 말하기 | MP3 음원을 들으면서 한 문장[구]씩 따라 말해보세요.

❶ There is nothing more beautiful than finding your course /

❷ as you believe you bob aimlessly in the current.

❸ And wouldn't you know that your path was there all along,

❹ waiting for you to knock, waiting for you to become?

❺ This path does not belong to your parents, your teachers, your leaders, or your lovers.

❻ Your path is your character defining itself more and more every day.

---

❶ 자신의 길을 찾는 것보다 더 아름다운 일은 없다.

❷ 당신이 조류를 따라 목표 없이 떠올랐다 가라앉았다 하고 있다고 생각하다가.

❸ 당신의 길이 내내 거기에 있었다는 걸 모르겠는가?

❹ 당신이 두드려 주기를 기다리고 당신이 됨됨이를 갖추기를 기다리며.

❺ 이 길은 당신의 부모나 선생님이나 지도자나 연인에게 속한 길이 아니다.

❻ 당신의 길은 매일 스스로를 조금씩 더 규정해나가는 당신의 성격이다.

bob 위아래로 움직이다 aimlessly 목표 없이 current 조류 path 길 belong to ~에 속하다 define 규정하다

전체 문단 따라 말하기 | MP3 음원을 들으면서 동시에 전체 문단을 따라 말해보세요.

There is nothing more beautiful than finding your course as you believe you bob aimlessly in the current. And wouldn't you know that your path was there all along, waiting for you to knock, waiting for you to become? This path does not belong to your parents, your teachers, your leaders, or your lovers. Your path is your character defining itself more and more every day.

조류를 따라 목표 없이 떠올랐다 가라앉았다 하고 있다고 생각하다가 자신의 길을 찾는 것보다 더 아름다운 일은 없다. 당신의 길이 두드려주길 기다리고 당신이 됨됨이를 맞추기까지 기다리며 줄곧 그 자리에 있다면 당신이 몰랐겠는가? 이 길은 당신의 부모나 선생님이나 지도자나 연인에게 속한 길이 아니다. 당신의 길은 매일 더욱 더 스스로를 규정하는 당신의 성격이다.

주요 표현 외워 말하기 | 한국어 표현을 보고, 해당하는 영어 표현을 입으로 말해보세요.

❶ 자신의 길을 찾는 것보다 더 아름다운 일은 없다.

❷ 당신의 길이 내내 거기에 있었다.

❸ 이 길은 당신의 부모에게 속한 길이 아니다.

---

❶ 자신의 길을 찾는 것보다 더 아름다운 일은 없다.

There is nothing more beautiful than finding your course.

❷ 당신의 길이 내내 거기에 있었다. Your path was there all along.

❸ 이 길은 당신의 부모에게 속한 길이 아니다. This path does not belong to your parents.

함께 읽기

조디 포스터(Jodie Foster)는 미국의 배우이자 감독, 제작자이다. 세 살 때 광고에 출연하며 연예 생활을 시작, 열세 살에 〈택시 드라이버〉에서 십대 초반의 매춘부 역으로 아카데미 여우조연상 후보에 오르며 세계적인 명성을 얻었다. 그후 영화 〈피고인〉으로 아카데미 여우주연상을 수상했다. 이후 감독 및 배우로 활발하게 활동하고 있다. 본문의 bob은 물에 빠져 '꼴깍거리며 오르락내리락하는 것'을 뜻한다. 마지막 문장은 길을 걸어가며 자신의 성격을 조금씩 만들어 간다는 뜻이다.

Giving up is not an option

포기는 선택사항이 아니다

- Bernie Sanders (버니 샌더스: 2015년 4월 〈허핑턴포스트〉 중)

내용 미리보기 | 오늘 배울 내용입니다. 눈으로 한번 훑어보세요.

The struggle to create a nation and world of economic and social justice and environmental sanity is not an easy one. The struggle to try and create a more peaceful world will be extremely difficult. But this I know: despair is not an option if we care about our kids and grandchildren. Giving up is not an option if we want to prevent irreparable harm to our planet.

한 문장씩 따라 말하기 | MP3 음원을 들으면서 한 문장[구]씩 따라 말해보세요.

❶ The struggle to create a nation and world of economic and social justice and environmental sanity is not an easy one.

❷ The struggle to try and create a more peaceful world will be extremely difficult.

❸ But this I know:

❹ despair is not an option if we care about our kids and grandchildren.

❺ Giving up is not an option if we want to prevent irreparable harm to our planet.

❶ 경제 및 사회 정의와 환경상의 온전함을 갖춘 한 국가와 세계를 만들려는 투쟁은 쉬운 것이 아니다.

❷ 보다 평화로운 세계를 만들려고 노력하는 투쟁은 너무도 어려울 것이다.

❸ 하지만 이것을 나는 안다.

❹ 우리 아이들과 손주들에 신경을 쓴다면 절망은 선택 사항이 아니다.

❺ 우리 행성에 돌이킬 수 없는 해악을 끼치는 것을 막고 싶다면 포기는 선택 사항이 아니다.

struggle 투쟁 justice 정의 sanity 온전함 extremely 극도로 despair 절망 irreparable 회복할 수 없는

전체 문단 따라 말하기 | MP3 음원을 들으면서 동시에 전체 문단을 따라 말해보세요.

The struggle to create a nation and world of economic and social justice and environmental sanity is not an easy one. The struggle to try and create a more peaceful world will be extremely difficult. But this I know: despair is not an option if we care about our kids and grandchildren. Giving up is not an option if we want to prevent irreparable harm to our planet.

경제 및 사회 정의와 환경상의 온전함을 갖춘 한 국가와 세계를 만들려는 투쟁은 쉬운 것이 아니다. 보다 평화로운 세계를 만들려고 노력하는 투쟁은 너무도 어려울 것이다. 하지만 이것을 나는 안다. 우리 아이들과 손주들을 생각한다면 절망은 선택 사항이 아니다. 지구에 돌이킬 수 없는 해악을 끼치는 것을 미리 막고 싶다면 포기는 선택 사항이 아니다.

주요 표현 외워 말하기 | 한국어 표현을 보고, 해당하는 영어 표현을 입으로 말해보세요.

❶ 보다 평화로운 세계를 만들려고 노력하는 투쟁은 너무도 어려울 것이다.

❷ 우리 아이들과 손주들에게 신경을 쓴다면 절망은 선택사항이 아니다.

❸ 우리 행성에 돌이킬 수 없는 해악을 끼치는 것을 막고 싶다면 포기는 선택사항이 아니다.

---

❶ 보다 평화로운 세계를 만들려고 노력하는 투쟁은 너무도 어려울 것이다.

The struggle to try and create a more peaceful world will be extremely difficult.

❷ 우리 아이들과 손주들에게 신경을 쓴다면 절망은 선택 사항이 아니다.

Despair is not an option if we care about our kids and grandchildren.

❸ 우리 행성에 돌이킬 수 없는 해악을 끼치는 것을 막고 싶다면 포기는 선택 사항이 아니다.

Giving up is not an option if we want to prevent irreparable harm to our planet.

함께
읽기

버니 샌더스(Bernie Sanders)는 미국의 정치인으로 미국 상원의원 중 유일한 사회주의자이다. 무소속으로 민주당과 연계해서 활동하고 있으며, 2010년 말 부자 감세안의 통과를 비판하여 행한 8시간 37분 동안의 필리버스터로 유명하다. 2016년 민주당 대통령 후보 경선에서 힐러리 클린턴과 각축을 벌이기도 했다. 두 번째 문장의 try and create는 try to create와 같은 의미이다.

Allow it to grow itself

그것이 스스로 자랄 수 있도록 해주어라

- *Sir Ken Robinson* (켄 로빈슨 경: 2007년 Music Manifesto State of Play 기조연설 중)

| Step ❶ **preview** | Step ❷ sentence | Step ❸ paragraph | Step ❹ exercise |

내용 미리보기 | 오늘 배울 내용입니다. 눈으로 한번 훑어보세요.

Nobody else can make anybody else learn anything. You cannot make them. Anymore than if you are a gardener you can make flowers grow, you don't make the flowers grow. You don't sit there and stick the petals on and put the leaves on and paint it. You don't do that. The flower grows itself. Your job if you are any good at it is to provide the optimum conditions for it to do that, to allow it to grow itself.

한 문장씩 따라 말하기 | MP3 음원을 들으면서 한 문장[구]씩 따라 말해보세요.

❶ Nobody else can make anybody else learn anything.

❷ You cannot make them.

❸ Anymore than if you are a gardener you can make flowers grow,

❹ you don't make the flowers grow.

❺ You don't sit there and stick the petals on and put the leaves on and paint it.

❻ You don't do that.

❼ The flower grows itself.

❽ Your job if you are any good at it is /

❾ to provide the optimum conditions for it to do that, to allow it to grow itself.

---

❶ 그 누구도 다른 이가 어떤 것이든 배우도록 만들 수는 없다.

❷ 당신은 그렇게 만들 수 없다.

❸ 당신이 정원사라고 해도 꽃들이 자라도록 만들 수 없는 것처럼

❹ 당신은 꽃들이 자라도록 만들지 못한다.

❺ 그냥 앉아서 꽃잎을 붙이고 잎사귀를 붙이고 색칠을 하는 게 아니다.

❻ 그건 당신 일이 아니다.

❼ 꽃은 스스로 자란다.

❽ 행여 능숙하다고 한다면 당신의 일은

❾ 그것이 그럴 수 있도록, 즉 꽃이 스스로 자랄 수 있도록 해주는 최적의 조건을 제공하는 것이다.

---

not A any more than B B가 아닌 것처럼 A도 아니다(본문은 Any more than B, not A의 구조)
stick ~ on ~을 붙이다   petal 꽃잎   optimum 최적의   condition 조건, 상황

전체 문단 따라 말하기 | MP3 음원을 들으면서 동시에 전체 문단을 따라 말해보세요.

Nobody else can make anybody else learn anything. You cannot make them. Anymore than if you are a gardener you can make flowers grow, you don't make the flowers grow. You don't sit there and stick the petals on and put the leaves on and paint it. You don't do that. The flower grows itself. Your job if you are any good at it is to provide the optimum conditions for it to do that, to allow it to grow itself.

누구도 다른 이가 어떤 것이든 배우도록 만들 수는 없다. 그렇게 만들 수 없다. 당신이 정원사라고 해도 꽃들이 자라도록 만들 수 없는 것처럼 당신은 꽃들이 자라도록 만들지 못한다. 그냥 앉아서 꽃잎을 붙이고 잎사귀를 붙이고 색칠을 하는 게 아니다. 그건 당 신 일이 아니다. 꽃은 스스로 자란 다. 행여 능숙하다고 한다면 당신의 일은 그것이 그럴 수 있도록, 즉 꽃이 스스로 자랄 수 있도록 해주는 최적의 조건을 제공하는 것이다.

주요 표현 외워 말하기 | 한국어 표현을 보고, 해당하는 영어 표현을 입으로 말해보세요.

❶ 누구도 다른 이가 어떤 것이든 배우도록 만들 수는 없다.
❷ 당신은 꽃들이 자라도록 만들지 않는다.
❸ 꽃은 스스로 자란다.

❶ 누구도 다른 이가 어떤 것이든 배우도록 만들 수는 없다.
　Nobody else can make anybody else learn anything.
❷ 당신은 꽃들이 자라도록 만들지 않는다. You don't make the flowers grow.
❸ 꽃은 스스로 자란다. The flower grows itself.

함께 읽기

켄 로빈슨 경(Sir Ken Robinson)은 영국의 교육가이자 작가, 강연자이다. 워릭대학교의 교육학 교수이자 정부 및 비영리 교육·예술 단체에서 고문으로 일하고 있다. 다양성과 호기심, 창의성을 강조하는 교육관을 바탕으로 저작과 사회 활동을 해왔으며, 예술에 대한 공로를 인정받아 2003년 작위를 받았다. 마지막 문장에서 for it to do that은 for the flower to grow itself를 받는다.

Let a person be what he really is

한 사람이 정말로 있는 그대로의 모습이 되게 해주어라

- Jim Morrison (짐 모리슨: 그의 명언 중)

| Step ❶ preview | Step ❷ sentence | Step ❸ paragraph | Step ❹ exercise |

내용 미리보기 | 오늘 배울 내용입니다. 눈으로 한번 훑어보세요.

That's what real love amounts to – letting a person be what he really is. Most people love you for who you pretend to be. To keep their love, you keep pretending – performing. You get to love your pretence. It's true, we're locked in an image, an act – and the sad thing is, people get so used to their image, they grow attached to their masks. They love their chains. They forget all about who they really are. And if you try to remind them, they hate you for it, they feel like you're trying to steal their most precious possession.

한 문장씩 따라 말하기 | MP3 음원을 들으면서 한 문장[구]씩 따라 말해보세요.

❶ That's what real love amounts to –

❷ letting a person be what he really is.

❸ Most people love you for who you pretend to be.

❹ To keep their love, you keep pretending – performing.

❺ You get to love your pretence.

❻ It's true, we're locked in an image, an act –

❼ and the sad thing is, people get so used to their image, they grow attached to their masks.

❽ They love their chains.

❾ They forget all about who they really are.

❿ And if you try to remind them, they hate you for it,

⓫ they feel like you're trying to steal their most precious possession.

---

❶ 그것은 진짜 사랑이 도달하는 지점이다.

❷ 한 사람이 정말로 있는 그대로의 모습이 되도록 해주는 것.

❸ 대부분의 사람들은 당신이 가장하고 있는 모습 때문에 당신을 사랑한다.

❹ 그들의 사랑을 붙들기 위해 당신은 계속하여 가장을 한다, 연기를 한다.

❺ 자신의 가식을 사랑하게 된다.

❻ 맞는 말이다, 우리는 하나의 이미지, 하나의 행동에 갇혀 있다.

❼ 그리고 슬픈 점은 사람들이 자신의 이미지에 너무 익숙해져서 자신의 가면에 애착을 가지게 된다는 것이다.

❽ 이들은 자신의 사슬을 사랑한다.

❾ 진짜 자신들의 모습에 대해서는 죄다 잊어버린다.

❿ 그리고 상기시켜주려고 하면 그 때문에 당신을 싫어한다.

⓫ 그들은 마치 당신이 자신의 가장 귀중한 소유물을 훔쳐가려는 것 같다고 느낀다.

---

amount to ~에 이르다, 달하다 pretend to V ~하는 척하다 perform 연기하다 pretence 겉치레, 위선, 가식
get used to ~에 익숙해지다 attached to ~에 애착을 가진 remind 상기시키다, 일깨우다

전체 문단 따라 말하기 | MP3 음원을 들으면서 동시에 전체 문단을 따라 말해보세요.

That's what real love amounts to – letting a person be what he really is. Most people love you for who you pretend to be. To keep their love, you keep pretending – performing. You get to love your pretence. It's true, we're locked in an image, an act – and the sad thing is, people get so used to their image, they grow attached to their masks. They love their chains. They forget all about who they really are. And if you try to remind them, they hate you for it, they feel like you're trying to steal their most precious possession.

한 사람이 정말로 있는 그대로의 모습이 되도록 해주는 것, 그것이 진짜 사랑이 도달하는 지점이다. 대부분의 사람들은 당신이 꾸며낸 모습 때문에 당신을 사랑한다. 그들의 사랑을 붙들기 위해 당신은 계속하여 모습을 꾸며낸다. 연기를 하는 것이다. 자신의 가식을 사랑하게 된다. 맞는 말이다, 우리는 하나의 이미지, 하나의 행동에 갇혀 있다. 그리고 슬픈 점은 사람들이 자신의 이미지에 너무 익숙해져서 자신의 가면에 애착을 가지게 된다는 것이다. 이들은 자신을 묶어놓은 사슬을 사랑한다. 진짜 자신들의 모습에 대해서는 죄다 잊어버린다. 이를 상기시켜주려고 하면 그 때문에 당신을 싫어한다. 그들은 마치 당신이 자신들의 가장 귀중한 소유물을 훔쳐가려는 것 같다고 느낀다.

주요 표현 외워 말하기 | 한국어 표현을 보고, 해당하는 영어 표현을 입으로 말해보세요.

❶ 대부분의 사람들은 당신이 가장하고 있는 모습 때문에 당신을 사랑한다.

❷ 우리는 하나의 이미지에 갇혀 있다.

❸ 그들은 자신의 가면에 애착을 가지게 된다.

---

❶ 대부분의 사람들은 당신이 가장하고 있는 모습 때문에 당신을 사랑한다.

Most people love you for who you pretend to be.

❷ 우리는 하나의 이미지에 갇혀 있다. We're locked in an image.

❷ 그들은 자신의 가면에 애착을 가지게 된다. They grow attached to their masks.

함께 읽기

짐 모리슨(Jim Morrison)은 미국의 가수이자 시인, 작곡가, 작가, 영화감독으로 활동했으며, 그룹 도어스의 리드 싱어로 유명하다. 거친 성정과 공연, 그리고 직접 작사 작곡한 노래 때문에 비평가들은 짐 모리슨을 록음악사와 대중문화에서 가장 영향력 있는 아이콘으로 꼽는 데 주저하지 않는다. 1971년 27세의 나이로 마약 과다 복용으로 파리에서 사망했다. get to ~는 '~하게 되다'는 의미로 구어체에서는 get to를 문어체에서는 come to를 많이 쓴다.

Day 093

Be like water

물처럼 되어라

- *Bruce Lee* (브루스 리: 《Bruce Lee's Wisdom for Daily Living》 중)

| Step ❶ preview | Step ❷ sentence | Step ❸ paragraph | Step ❹ exercise |

내용 미리보기 | 오늘 배울 내용입니다. 눈으로 한번 훑어보세요.

Be like water making its way through cracks. Do not be assertive, but adjust to the object, and you shall find a way around or through it. If nothing within you stays rigid, outward things will disclose themselves. Empty your mind, be formless. Shapeless, like water. If you put water into a cup, it becomes the cup. You put water into a bottle and it becomes the bottle. You put it in a teapot, it becomes the teapot. Now, water can flow or it can crash. Be water, my friend.

251

한 문장씩 따라 말하기 | MP3 음원을 들으면서 한 문장[구]씩 따라 말해보세요.

❶ Be like water making its way through cracks.

❷ Do not be assertive, but adjust to the object,

❸ and you shall find a way around or through it.

❹ If nothing within you stays rigid, outward things will disclose themselves.

❺ Empty your mind, be formless.

❻ Shapeless, like water.

❼ If you put water into a cup, it becomes the cup.

❽ You put water into a bottle and it becomes the bottle.

❾ You put it in a teapot, it becomes the teapot.

❿ Now, water can flow or it can crash.

⓫ Be water, my friend.

---

❶ 균열을 통과해 나아가는 물과 같이 되어라.

❷ 독단하지 말고 그 대상에 적응하라.

❸ 그러면 그것을 돌아가거나 통과해가는 길을 찾게 될 것이다.

❹ 내면의 어떤 것도 굳은 상태가 아니라면 외형적인 것들은 스스로 드러날 것이다.

❺ 마음을 비워라, 형태가 없는 상태가 되어라.

❻ 형체 없이 물과 같이 되어라.

❼ 물을 컵에 넣으면 컵이 된다.

❽ 물을 병에 넣으면 병이 된다.

❾ 찻주전자에 넣으면 찻주전자가 된다.

❿ 이제 물은 흐를 수 있거나 부서질 수 있다.

⓫ 물이 되어라, 친구여.

---

make way 나아가다 crack 금, 균열 assertive 단정적인, 독단적인 adjust to ~에 적응하다 object 대상
rigid 굳은 outward 겉보기의, 외형상의 disclose 밝히다, 드러내다 empty 비우다 formless 형태 없는
shapeless 형체 없는 crash 부딪히다, 박살내다, 부서지다

전체 문단 따라 말하기 | MP3 음원을 들으면서 동시에 전체 문단을 따라 말해보세요.

Be like water making its way through cracks. Do not be assertive, but adjust to the object, and you shall find a way around or through it. If nothing within you stays rigid, outward things will disclose themselves. Empty your mind, be formless. Shapeless, like water. If you put water into a cup, it becomes the cup. You put water into a bottle and it becomes the bottle. You put it in a teapot, it becomes the teapot. Now, water can flow or it can crash. Be water, my friend.

균열을 통과해 나아가는 물과 같이 되어라. 독단하지 말고 그 대상에 적응하라. 그러면 그것을 돌아가거나 통과해가는 길을 찾게 될 것이다. 내면의 어떤 것도 굳은 상태가 아니라면 외형적인 것들은 스스로 드러날 것이다. 마음을 비워라, 무형의 상태가 되어라. 물처럼 형체를 없애라. 물을 컵에 넣으면 컵이 된다. 물을 병에 넣으면 병이 된다. 찻주전자에 넣으면 찻주전자가 된다. 이제 물은 흐르거나 부서질 수 있다. 물이 되어라, 친구여.

주요 표현 외워 말하기 | 한국어 표현을 보고, 해당하는 영어 표현을 입으로 말해보세요.

❶ 균열을 통과해 나아가는 물과 같이 되어라.
❷ 외형적인 것들은 스스로 드러날 것이다.
❸ 이제 물은 흐를 수 있거나 부서질 수 있다.

---

❶ 균열을 통과해 나아가는 물과 같이 되어라. Be like water making its way through cracks.
❷ 외형적인 것들은 스스로 드러날 것이다. Outward things will disclose themselves.
❸ 이제 물은 흐를 수 있거나 부서질 수 있다. Now, water can flow or it can crash.

함께 읽기

브루스 리(Bruce Lee), 이소룡은 미국 샌프란시스코에서 태어나 홍콩에서 성장 할리우드 배우로 활동한 중국계 미국인 액션 배우이자 철학가, 무술가였다. 미국 영화에서 그려지는 동양인들의 모습을 바꾼 인물로 평가받고 있는 절권도의 창시자이다. 32세의 나이로 요절했다. mind는 '정신' 혹은 '이성'이라는 뜻에 가깝다. 원어민들에게 mind라는 것이 어디에 존재하는지 가리켜보라고 하면 대개 머리를 가리킨다. '가슴'에 있는 건 heart이고, heart는 '감정'과 연관이 깊다.

What makes you different is your strength

당신을 다르게 만드는 것이 당신의 강점이다

- *Meryl Streep* (메릴 스트립: 2014년 인디애나대학교 명예박사 학위 수여식 중)

| Step ❶ preview | Step ❷ sentence | Step ❸ paragraph | Step ❹ exercise |

내용 미리보기 | 오늘 배울 내용입니다. 눈으로 한번 훑어보세요.

For young women, I would say, don't worry so much about your weight. Girls spend way too much time thinking about that, and there are better things. For young men, and women, too, what makes you different or weird, that's your strength. Everyone tries to look a cookie-cutter kind of way, and actually the people who look different are the ones who get picked up. I used to hate my nose. Now, I don't.

한 문장씩 따라 말하기 | MP3 음원을 들으면서 한 문장[구]씩 따라 말해보세요.

❶ For young women, I would say, don't worry so much about your weight.

❷ Girls spend way too much time thinking about that,

❸ and there are better things.

❹ For young men, and women, too, what makes you different or weird, that's your strength.

❺ Everyone tries to look a cookie-cutter kind of way,

❻ and actually the people who look different are the ones who get picked up.

❼ I used to hate my nose. Now, I don't.

---

❶ 젊은 여성들에게 말하는데, 몸무게에 대해 너무 많이 신경 쓰지 마라.

❷ 여자들은 그 생각을 하느라 너무 시간을 많이 쓰는데

❸ 그보다 나은 일들이 있다.

❹ 젊은 남성들, 그리고 여성들도 마찬가지로 당신을 다르게 혹은 이상하게 만드는 것, 그것이 당신의 강점이다.

❺ 모두가 빵틀로 찍어낸 것처럼 똑같이 보이려고 애쓰지만

❻ 실제 달라 보이는 사람들이 선택의 대상이 된다.

❼ 나는 전에는 내 코가 싫었지만 이제는 싫어하지 않는다.

weight 무게   weird 이상한   cookie-cutter 같은 모양의   used to V ~하곤 했다

전체 문단 따라 말하기 | MP3 음원을 들으면서 동시에 전체 문단을 따라 말해보세요.

For young women, I would say, don't worry so much about your weight. Girls spend way too much time thinking about that, and there are better things. For young men, and women, too, what makes you different or weird, that's your strength. Everyone tries to look a cookie-cutter kind of way, and actually the people who look different are the ones who get picked up. I used to hate my nose. Now, I don't.

젊은 여성들에게 말하는데, 몸무게에 대해 너무 많이 신경 쓰지 마라. 여자들은 그 생각을 하느라 너무 시간을 많이 쓰는데 그보다 나은 일들이 있다. 젊은 남성들, 그리고 여성들도 마찬가지로, 당신을 다르게 혹은 이상하게 만드는 것, 그것이 당신의 강점이다. 모두가 빵틀로 찍어낸 것처럼 똑같아 보이려고 애쓰지만 실제 달라 보이는 사람들이 선택의 대상이 된다. 나는 전에는 내 코가 싫었지만, 이제는 싫어하지 않는다.

주요 표현 외워 말하기 | 한국어 표현을 보고, 해당하는 영어 표현을 입으로 말해보세요.

❶ 당신의 몸무게에 대해 너무 많이 신경 쓰지 마라.
❷ 당신을 다르게 만드는 것이 당신의 강점이다.
❸ 모두가 빵틀로 찍어낸 것처럼 똑같아 보이려고 애쓴다.

❶ 당신의 몸무게에 대해 너무 많이 신경 쓰지 마라. Don't worry so much about your weight.
❷ 당신을 다르게 만드는 것이 당신의 강점이다. What makes you different is your strength.
❸ 모두가 빵틀로 찍어낸 것처럼 똑같아 보이려고 애쓴다.
 Everyone tries to look a cookie-cutter kind of way.

함께 읽기

메릴 스트립(Meryl Streep)은 아카데미상 3회 수상 경력을 가진 미국의 배우로, 동시대 배우 가운데 최고로 꼽힌다. 완벽한 억양의 구사, 자신의 배역에 녹아드는 카멜레온 같은 연기로 유명하다. 본문은 2014년 그녀가 인디애나대학에서 명예박사 학위를 받으며 한 연설의 일부이다. 두 번째 문장 way too much는 too를 수식하는 부사이다. '너무도 지나치게 많이' 정도의 의미이다. 네 번째 문장은 look (in) a certain way의 변형꼴로 (in) ~ way가 부사구이다.

I dare not linger

나는 머뭇거리지 않을 것이다

- Nelson Mandela (넬슨 만델라: 그의 책 《자유로의 긴 여정》 중)

| Step ❶ preview | Step ❷ sentence | Step ❸ paragraph | Step ❹ exercise |

내용 미리보기 | 오늘 배울 내용입니다. 눈으로 한번 훑어보세요.

I have walked that long road to freedom. I have tried not to falter; I have made missteps along the way. But I have discovered the secret that after climbing a great hill, one only finds that there are more hills to climb. I have taken a moment here to rest, to steal a view of the glorious vista that surrounds me, to look back on the distance I have come. But I can rest only for a moment, for with freedom come responsibilities, and I dare not linger, for my long walk is not yet ended.

한 문장씩 따라 말하기 | MP3 음원을 들으면서 한 문장[구]씩 따라 말해보세요.

① I have walked that long road to freedom.

② I have tried not to falter;

③ I have made missteps along the way.

④ But I have discovered the secret /

⑤ that after climbing a great hill, one only finds that there are more hills to climb.

⑥ I have taken a moment here to rest,

⑦ to steal a view of the glorious vista that surrounds me, to look back on the distance I have come.

⑧ But I can rest only for a moment,

⑨ for with freedom come responsibilities, and I dare not linger,

⑩ for my long walk is not yet ended.

---

① 나는 자유로의 긴 길을 걸어왔다.

② 나는 머뭇거리지 않으려고 애써왔다.

③ 길을 따라오며 여러 가지 실수들도 했다.

④ 하지만 나는 비밀을 발견했다.

⑤ 하나의 큰 산을 오르면 오를 산들이 더 많다는 것을 알게 될 뿐이라는 걸.

⑥ 나는 시간을 내서 여기서 쉬려고 했었다.

⑦ 내 주변의 멋진 광경을 훔쳐보려고 했었고, 내가 걸어온 거리를 돌아보려고 했었다.

⑧ 그러나 오로지 잠시 동안 쉴 수 있을 뿐이다.

⑨ 왜냐하면 자유와 더불어 책임도 오기에 나는 감히 꾸물거리지 않을 것이기 때문이며

⑩ 내 긴 여정이 아직 끝나지 않았기 때문이다.

---

falter 머뭇거리다, 더듬거리다   misstep 실수, 잘못된 조치   take a moment 시간을 내다   vista 경치, 풍경
surround 둘러싸다   dare not 감히 ~ 하지 않다   linger 꾸물거리다

전체 문단 따라 말하기 | MP3 음원을 들으면서 동시에 전체 문단을 따라 말해보세요.

I have walked that long road to freedom. I have tried not to falter; I have made missteps along the way. But I have discovered the secret that after climbing a great hill, one only finds that there are more hills to climb. I have taken a moment here to rest, to steal a view of the glorious vista that surrounds me, to look back on the distance I have come. But I can rest only for a moment, for with freedom come responsibilities, and I dare not linger, for my long walk is not yet ended.

나는 자유로의 긴 길을 걸어왔다. 나는 머뭇거리지 않으려고 애써왔다. 길을 따라오며 여러 가지 실수도 했다. 하지만 나는 하나의 큰 산을 오르면 오를 산들이 더 많다는 것을 알게 될 뿐이라는 비밀을 발견했다. 나는 시간을 내서 여기서 쉬려고 했었다, 내 주변의 멋진 광경을 훔쳐보려고 했었다. 내가 걸어온 거리를 돌아보려고 했었다. 그러나 오로지 잠시 동안 쉴 수 있을 뿐이다. 왜냐하면 자유와 더불어 책임도 오기에 나는 감히 꾸물거리지 않을 것이기 때문이며, 내 긴 여정이 아직 끝나지 않았기 때문이다.

주요 표현 외워 말하기 | 한국어 표현을 보고, 해당하는 영어 표현을 입으로 말해보세요.

❶ 나는 자유로의 긴 길을 걸어왔다.
❷ 나는 길을 따라오며 실수들을 했다.
❸ 내 긴 여정이 아직 끝나지 않았다.

❶ 나는 자유로의 긴 길을 걸어왔다. I have walked that long road to freedom.
❷ 나는 길을 따라오며 실수들을 했다. I have made missteps along the way.
❸ 내 긴 여정이 아직 끝나지 않았다. My long walk is not yet ended.

| 함께
읽기 | 넬슨 만델라(Nelson Mandela)는 남아프리카공화국 최초의 흑인대통령이자 흑인인권운동가로, 1993년 노벨평화상을 수상했다. 변호사로 활동하다가 아프리카 민족회의의 수장으로 반(反) 아파르트헤이트 정책에 반대하다가 체포되어 종신형을 선고받았으나 27년간 편지를 써서 인권운동을 펼친 결과 '인종 차별 정책' 폐지를 이끌어냈다. 본문의 steal a view는 '슬쩍 훔쳐보다'라는 뜻이다. |

I would rather be ashes than dust
나는 먼지가 되느니 재가 되겠다

- Jack London (잭 런던: 《블레틴(The Bulletin)》지 게재 글 중)

| Step ❶ preview | Step ❷ sentence | Step ❸ paragraph | Step ❹ exercise |

내용 미리보기 | 오늘 배울 내용입니다. 눈으로 한번 훑어보세요.

I would rather be ashes than dust! I would rather that my spark should burn out in a brilliant blaze than it should be stifled by dry-rot. I would rather be a superb meteor, every atom of me in magnificent glow, than a sleepy and permanent planet. The function of man is to live, not to exist. I shall not waste my days trying to prolong them. I shall use my time.

한 문장씩 따라 말하기 | MP3 음원을 들으면서 한 문장[구]씩 따라 말해보세요.

❶ I would rather be ashes than dust!

❷ I would rather that my spark should burn out in a brilliant blaze than it should be stifled by dry-rot.

❸ I would rather be a superb meteor, every atom of me in magnificent glow, than a sleepy and permanent planet.

❹ The function of man is to live, not to exist.

❺ I shall not waste my days trying to prolong them.

❻ I shall use my time.

- -

❶ 나는 먼지가 되느니 재가 되겠다.

❷ 나는 타락에 숨이 막히느니 찬란한 화염 속에서 내 불꽃을 다 태우겠다.

❸ 나는 활기 없고 영구한 행성이 되느니 나를 이루는 모든 원자가 장엄하게 타오르는 걸출한 별똥별이 되겠다.

❹ 인간의 역할은 존재하는 것이 아니라 사는 것이다.

❺ 내 하루하루를 연장하느라 낭비하지 않겠다.

❻ 나는 내 시간을 사용할 것이다.

ash 재 dust 먼지 spark 불꽃 blaze 불꽃 stifle 억누르다, 억압하다 dry-rot 부패, 타락 superb 훌륭한, 우수한 meteor 유성 atom 원자 magnificent 거대한 glow (은은한) 불빛 permanent 영구적인 prolong 연장하다

전체 문단 따라 말하기 | MP3 음원을 들으면서 동시에 전체 문단을 따라 말해보세요.

I would rather be ashes than dust! I would rather that my spark should burn out in a brilliant blaze than it should be stifled by dry-rot. I would rather be a superb meteor, every atom of me in magnificent glow, than a sleepy and permanent planet. The function of man is to live, not to exist. I shall not waste my days trying to prolong them. I shall use my time.

- -

나는 먼지가 되느니 재가 되겠다! 나는 타락에 숨이 막히느니 찬란한 화염 속에서 내 불꽃을 다 태우겠다. 나는 활기 없고 영구한 행성이 되느니 나를 이루는 모든 원자가 장엄하게 타오르는 걸출한 별똥별이 되겠다. 인간의 역할은 존재하는 것이 아니라 사는 것이다. 내 하루하루를 연장하느라 낭비하지 않겠다. 나는 내 시간을 사용할 것이다.

주요 표현 외워 말하기 ㅣ 한국어 표현을 보고, 해당하는 영어 표현을 입으로 말해보세요.

❶ 나는 먼지가 되느니 재가 되겠다.
❷ 나는 활기 없고 영구한 행성이 되느니 걸출한 별똥별이 되겠다.
❸ 인간의 역할은 존재하는 것이 아니라 사는 것이다.

---

❶ 나는 먼지가 되느니 재가 되겠다. I would rather be ashes than dust.
❷ 나는 활기 없고 영구한 행성이 되느니 걸출한 별똥별이 되겠다.
　I would rather be a superb meteor than a sleepy and permanent planet.
❸ 인간의 역할은 존재하는 것이 아니라 사는 것이다. The function of man is to live, not to exist.

함께 읽기

잭 런던(Jack London)은 미국의 소설가이자 언론인, 사회운동가였다. 사생아로 태어나 의붓아버지의 성을 따랐으며, 본명은 존 그리피스 체이니(John Griffith Chaney)이다. 어려운 가정형편 탓에 온갖 육체노동을 하면서 소년 시절을 보냈다. 독학으로 글을 깨우치고, 글을 통해 부자가 되고 명성도 얻지만 40세의 나이로 바다에 몸을 던져 생을 마감했다. 대표작으로 《야성의 외침》, 《하얀 송곳니》 등이 있다. would rather ~는 '차라리 ~하겠다'는 의사를 완곡하게 전달하는 표현이다.

I have never belonged wholeheartedly to a country

나는 한 국가에 진심으로 속해본 적이 없다

- Albert Einstein (알버트 아인슈타인: 《Variety of Men》 중))

내용 미리보기 | 오늘 배울 내용입니다. 눈으로 한번 훑어보세요.

I have never belonged wholeheartedly to a country, a state, nor to a circle of friends, nor even to my own family. When I was still a rather precocious young man, I already realized most vividly the futility of the hopes and aspirations that most men pursue throughout their lives. Well-being and happiness never appeared to me as an absolute aim. I am even inclined to compare such moral aims to the ambitions of a pig.

한 문장씩 따라 말하기 | MP3 음원을 들으면서 한 문장[구]씩 따라 말해보세요.

❶ I have never belonged wholeheartedly to a country, a state, nor to a circle of friends, nor even to my own family.

❷ When I was still a rather precocious young man,

❸ I already realized most vividly the futility of the hopes and aspirations that most men pursue throughout their lives.

❹ Well-being and happiness never appeared to me as an absolute aim.

❺ I am even inclined to compare such moral aims to the ambitions of a pig.

---

❶ 나는 한 국가, 한 정부에 속해본 적이 없는 것은 물론이거니와 어떤 친구들 그룹이나 심지어는 내 가족들에게도 진심으로 속해본 적이 없다.

❷ 내가 아직 다소 조숙한 젊은이였던 때에도

❸ 나는 대부분의 사람들이 살아가는 동안 내내 추구하는 희망과 염원의 무익함을 이미 생생하게 깨닫고 있었다.

❹ 안녕과 행복이 내게 절대적인 목표였던 적이 없다.

❺ 나는 심지어는 그러한 도덕적인 목표들을 한 마리 돼지의 야망에 비유하고 싶은 심정이다.

---

wholeheartedly 진심으로 precocious 조숙한 vividly 생생하게 futility 헛됨, 무익함 aspiration 열망, 염원
well-being 행복, 안녕함 absolute 절대적인 be inclined to V ~하는 경향이 있다, ~할 생각이 있다
moral 도덕의 ambition 야망, 갈망

전체 문단 따라 말하기 | MP3 음원을 들으면서 동시에 전체 문단을 따라 말해보세요.

I have never belonged wholeheartedly to a country, a state, nor to a circle of friends, nor even to my own family. When I was still a rather precocious young man, I already realized most vividly the futility of the hopes and aspirations that most men pursue throughout their lives. Well-being and happiness never appeared to me as an absolute aim. I am even inclined to compare such moral aims to the ambitions of a pig.

나는 한 국가, 한 정부에 속해본 적이 없는 것은 물론이거니와 어떤 친구들 그룹이나 심지어는 내 가족들에게도 진심으로 속해본 적이 없다. 내가 아직 다소 조숙한 젊은이였던 때에도 나는 대부분의 사람들이 살아가는 동안 내내 추구하는 희망과 염원의 무익함을 이미 아주 생생하게 깨닫고 있었다. 안녕과 행복이 내게 절대적인 목표였던 적이 없다. 나는 심지어는 그러한 도덕적인 목표 들을 한 마리 돼지의 야망에 비유하고 싶은 심정이다.

주요 표현 외워 말하기 | 한국어 표현을 보고, 해당하는 영어 표현을 입으로 말해보세요.

❶ 나는 한 국가에 진심으로 속해본 적이 없다.
❷ 나는 다소 조숙한 젊은이였다.
❸ 안녕과 행복이 내게 절대적인 목표였던 적이 없다.

❶ 나는 한 국가에 진심으로 속해본 적이 없다. I have never belonged wholeheartedly to a country.
❷ 나는 다소 조숙한 젊은이였다.
   I was a rather precocious young man.
❸ 안녕과 행복이 내게 절대적인 목표였던 적이 없다.
   Well-being and happiness never appeared to me as an absolute aim.

함께 읽기

알버트 아인슈타인(Albert Einstein)은 독일 태생의 미국 이론 물리학자로, 일반 상대성 이론으로 현대 물리학에 지대한 영향을 끼쳤고, 1921년 광전 효과에 대한 연구로 노벨물리학상을 수상했다. 히틀러가 정권을 잡자 미국 방문 중 독일로 돌아가지 않고 미국에 정착했다. 이후 연합군은 지지하나 핵무기에는 경고하는 입장을 취했다. 300편이 넘는 과학 논문과 150편 이상의 글을 남겼다. 본문에서 well-being은 한국에서 잘못 쓰이는 단어 중 하나이다. '건강에 좋은 어떤 것'이라는 의미로 많이 쓰이는데, 그보다는 '정신과 육체가 모두 무탈하고 평안함'이라는 의미에 가깝다.

Love plus bravery equals happiness

사랑에 용감함을 더하면 행복이 된다

- Melody Hobson (멜로디 홉슨: 2015년 남가주대학교 졸업 연설 중)

| Step ❶ preview | Step ❷ sentence | Step ❸ paragraph | Step ❹ exercise |

내용 미리보기 | 오늘 배울 내용입니다. 눈으로 한번 훑어보세요.

Love plus bravery equals happiness. Other commencement speakers will tell you to be passionate about something; I'm telling you to be passionate about someone. It took me a long time to be as brave in my personal life as I was in my professional life, and that's because to be brave in love means opening yourself up to the possibility of heartbreak. Then I met George. People talk about soul mates; I met my mind's friend. And since I always trust my mind when it told me to leap, so did my heart.

한 문장씩 따라 말하기 | MP3 음원을 들으면서 한 문장[구]씩 따라 말해보세요.

❶ Love plus bravery equals happiness.

❷ Other commencement speakers will tell you to be passionate
about something;

❸ I'm telling you to be passionate about someone.

❹ It took me a long time to be as brave in my personal life as
I was in my professional life,

❺ and that' because to be brave in love means opening
yourself up to the possibility of heartbreak.

❻ Then I met George.

❼ People talk about soul mates; I met my mind' friend.

❽ And since I always trust my mind when it told me to leap,
so did my heart.

- -

❶ 사랑에 용감함을 더하면 행복이 된다.

❷ 다른 졸업식 연사들은 무언가에 대해 열정적이 되라고 말할 것이다.

❸ 나는 누군가에 대해 열정적이 되라고 말하고자 한다.

❹ 내 직업 생활에서 그랬던 것처럼 내 사생활에서 용감해지는 데는 오랜 시간이 걸렸다.

❺ 그리고 그건 사랑에서 용감해지는 것은 상심하게 될 가능성에 자신을 열어 보이는 것을
의미하기 때문이다.

❻ 그 무렵 나는 조지를 만났다.

❼ 사람들은 영혼의 짝에 대해 이야기한다. 그러나 나는 정신의 친구를 만났다.

❽ 그리고 나는 언제나 내 정신을 믿기 때문에, 정신이 내게 뛰라고 했을 때 내 심장도 뛰었다.

---

equal 같다, 비등하다 commencement 졸업 passionate 열정적인 heartbreak 비통, 상심 leap 도약하다, 뛰다

전체 문단 따라 말하기 | MP3 음원을 들으면서 동시에 전체 문단을 따라 말해보세요.

Love plus bravery equals happiness. Other commencement speakers will tell you to be passionate about something; I'm telling you to be passionate about someone. It took me a long time to be as brave in my personal life as I was in my professional life, and that's because to be brave in love means opening yourself up to the possibility of heartbreak. Then I met George. People talk about soul mates; I met my mind's friend. And since I always trust my mind when it told me to leap, so did my heart.

사랑에 용감함을 더하면 행복이 된다. 다른 졸업식 연사들은 무언가에 대해 열정적이 되라고 말할 것이다. 나는 누군가에 대해 열정적이 되라고 말하고자 한다. 내 직업 생활에서 그랬던 것처럼 내 사생활에서 용감해지는 데는 오랜 시간이 걸렸다. 그리고 그건 사랑에서 용감해지는 것은 상심하게 될 가능성에 자신을 열어 보이는 것을 의미하기 때문이다. 그 무렵 나는 조지(조지 루카스)를 만났다. 사람들은 영혼의 짝에 대해 이야기한다. 나는 내 정신의 친구를 만났다. 그리고 나는 언제나 내 정신을 믿기 때문에, 정신이 내게 뛰라고 했을 때 내 심장도 뛰었다.

주요 표현 외워 말하기 | 한국어 표현을 보고, 해당하는 영어 표현을 입으로 말해보세요.

❶ 사랑에 용감함을 더하면 행복이 된다.
❷ 사랑에서 용감해지는 것은 상심하게 될 가능성에 자신을 열어 보이는 것을 의미한다.
❸ 나는 내 정신이 내게 뛰라고 말하면 늘 믿는다.

❶ 사랑에 용감함을 더하면 행복이 된다. Love plus bravery equals happiness.
❷ 사랑에서 용감해지는 것은 상심하게 될 가능성에 자신을 열어 보이는 것을 의미한다.
To be brave in love means opening yourself up to the possibility of heartbreak.
❸ 나는 내 정신이 내게 뛰라고 말하면 늘 믿는다. I always trust my mind when it told me to leap.

함께 읽기

멜로디 홉슨(Mellody Hobson)은 미국의 여성 기업가로, 드림웍스의 회장을 역임했으며, 에어리얼 투자사의 사장이다. 2015년에는 세계에서 가장 영향력 있는 100인 중 한 명으로 선정되었으며, 2017년 흑인 여성으로는 처음으로 시카고 경제 클럽의 회장이 되었다.

The world needs you in the arena
세상이 무대에서 당신을 필요로 한다

- *Tim Cook* (팀 쿡: 2015년 조지워싱턴대학교 졸업 연설 중)

| Step ❶ preview | Step ❷ sentence | Step ❸ paragraph | Step ❹ exercise |

내용 미리보기 | 오늘 배울 내용입니다. 눈으로 한번 훑어보세요.

The sidelines are not where you want to live your life. The world needs you in the arena. There are problems that need to be solved. Injustices that need to be ended. People that are still being persecuted, diseases still in need of cure. No matter what you do next, the world needs your energy. Your passion. Your impatience with progress. Don't shrink from risk. And tune out those critics and cynics. History rarely yields to one person, but think, and never forget, what happens when it does. That can be you. That should be you. That must be you.

한 문장씩 따라 말하기 | MP3 음원을 들으면서 한 문장[구]씩 따라 말해보세요.

❶ The sidelines are not where you want to live your life.

❷ The world needs you in the arena.

❸ There are problems that need to be solved.

❹ Injustices that need to be ended.

❺ People that are still being persecuted, diseases still in need of cure.

❻ No matter what you do next, the world needs your energy.

❼ Your passion. Your impatience with progress. Don't shrink from risk.

❽ And tune out those critics and cynics.

❾ History rarely yields to one person, but think, and never forget, what happens when it does.

❿ That can be you. That should be you. That must be you.

---

❶ 사이드라인은 삶을 살고 싶은 곳이 아니다.

❷ 세상이 무대에서 당신을 필요로 한다.

❸ 해결해야 하는 문제들이 있다.

❹ 종식되어야 하는 불의들이 있다.

❺ 여전히 박해받고 있는 사람들이 있고, 치료제가 필요한 병들이 있다.

❻ 다음에 무엇을 하든 세상은 당신의 에너지를 필요로 한다.

❼ 당신의 열정, 진보에 대한 조급함을 필요로 한다. 모험 앞에서 위축되지 마라.

❽ 그리고 비평가들과 냉소자들을 무시하라.

❾ 역사는 한 사람에게 거의 굴복하지 않지만 극복할 경우 일어나는 일들을 생각하며 결코 잊지 마라.

❿ 그게 당신일 수 있다. 그게 당신이어야 한다. 그게 당신임에 틀림없다.

---

sideline 부업, 사이드라인 arena 경기장, 무대 injustice 불의 persecute 박해하다 impatience 성급함, 조급
shrink 줄어들다, 오그라들다 tune out 듣지 않다, 무시하다 critic 비평가 cynic 냉소주의자 yield 포기하다

전체 문단 따라 말하기 | MP3 음원을 들으면서 동시에 전체 문단을 따라 말해보세요.

The sidelines are not where you want to live your life. The world needs you in the arena. There are problems that need to be solved. Injustices that need to be ended. People that are still being persecuted, diseases still in need of cure. No matter what you do next, the world needs your energy. Your passion. Your impatience with progress. Don't shrink from risk. And tune out those critics and cynics. History rarely yields to one person, but think, and never forget, what happens when it does. That can be you. That should be you. That must be you.

사이드라인은 삶을 살고 싶은 곳이 아니다. 세상이 무대에서 당신을 필요로 한다. 해결해야 하는 문제들이 있다. 종식되어야 하는 불의들이 있다. 여전히 박해받고 있는 사람들이 있고, 치료제가 필요한 병들이 있다. 다음에 무엇을 하든 세상은 당신의 에너지를 필요로 한다. 당신의 열정, 진보에 대한 조급함을 필요로 한다. 모험 앞에서 위축되지 마라. 그리고 비평가들과 냉소자들을 무시하라. 역사가 한 사람에게 굴복하는 일은 거의 없다. 하지만 역사가 한 사람에게 굴복할 경우 일어나는 일들을 생각하며 결코 잊지 마라. 그게 당신일 수 있다. 그게 당신이어야 한다. 그게 당신임에 틀림없다.

주요 표현 외워 말하기 | 한국어 표현을 보고, 해당하는 영어 표현을 입으로 말해보세요.

❶ 세상이 당신을 무대에서 필요로 한다.

❷ 당신이 다음에 무엇을 하든 세상은 당신의 에너지를 필요로 한다.

❸ 모험 앞에서 위축되지 마라.

---

❶ 세상이 무대에서 당신을 필요로 한다. The world needs you in the arena.

❷ 당신이 다음에 무엇을 하든 세상은 당신의 에너지를 필요로 한다.
No matter what you do next, the world needs your energy.

❸ 모험 앞에서 위축되지 마라. Don't shrink from risk.

함께
읽기

팀 쿡(Tim Cook)은 애플의 CEO로, 2011년 스티브 잡스가 지병이 악화되어 사임한 후 애플의 최고경영자가 되었다. 애플에서 일하기 전 IBM과 컴팩을 거쳤다. '남부신사'라는 별명이 있을 만큼 침착하고 꼼꼼하게 애플을 성공적으로 이끌고 잇다는 평을 받고 있다. 나이키와 미국 미식축구 재단의 이사이기도 하다. 2014년 〈포춘〉 지가 선정한 500대 기업 CEO 중 최초로 커밍아웃을 한 게이이기도 하다.

Anyway
어쨌든

- Anonymous (저자 미상)

| Step ❶ preview | Step ❷ sentence | Step ❸ paragraph | Step ❹ exercise |

내용 미리보기 | 오늘 배울 내용입니다. 눈으로 한번 훑어보세요.

Life is an opportunity, benefit from it. People are often unreasonable and self-centered. Forgive them anyway. If you are kind, people may accuse you of ulterior motives. Be kind anyway. If you are honest, people may cheat you. Be honest anyway. If you find happiness, people may be jealous. Be happy anyway. The good you do today may be forgotten tomorrow. Do good anyway. Give the world the best you have and it may never be enough. Give your best anyway. For you see, in the end, it is between you and God. It was never between you and them anyway.

한 문장씩 따라 말하기 | MP3 음원을 들으면서 한 문장[구]씩 따라 말해보세요.

❶ Life is an opportunity, benefit from it.

❷ People are often unreasonable and self-centered.
Forgive them anyway.

❸ If you are kind, people may accuse you of ulterior motives.
Be kind anyway.

❹ If you are honest, people may cheat you. Be honest anyway.

❺ If you find happiness, people may be jealous.
Be happy anyway.

❻ The good you do today may be forgotten tomorrow.
Do good anyway.

❼ Give the world the best you have and it may never be enough.
Give your best anyway.

❽ For you see, in the end, it is between you and God.

❾ It was never between you and them anyway.

---

❶ 삶은 기회이다. 삶이 주는 혜택을 누리라.
❷ 사람들은 종종 불합리하고 자기중심적이다. 어쨌든 그들을 용서하라.
❸ 친절하게 굴면 사람들은 숨은 동기가 있다고 비난할지도 모른다. 어쨌든 친절하라.
❹ 정직하게 굴면 사람들은 속일지도 모른다. 어쨌든 정직하라.
❺ 행복을 찾으면 사람들은 질투를 할지도 모른다. 어쨌든 행복하라.
❻ 오늘 행한 선은 내일에는 잊혀질지도 모른다. 어쨌든 선을 행하라.
❼ 당신에게 있는 최상의 것을 세상에 내주라. 그래도 충분치 않을 수도 있다.
어쨌든 최선을 기울여라.
❽ 결국에는 이것이 당신과 하나님 사이의 일이라는 것을 알게 될 것이다.
❾ 어쨌든 당신과 그들 사이의 문제는 아니었다.

---

opportunity 기회 benefit from ~에서 이득을 보다 unreasonable 불합리한, 부당한 self-centered 자기중심의,
이기적인 accuse A(사람) of B A를 B 때문에 고발[비난]하다 ulterior 이면의, 숨은 cheat 속이다
jealous 질투하는 good 선행, 미덕

전체 문단 따라 말하기 | MP3 음원을 들으면서 동시에 전체 문단을 따라 말해보세요.

Life is an opportunity, benefit from it. People are often unreasonable and self-centered. Forgive them anyway. If you are kind, people may accuse you of ulterior motives. Be kind anyway. If you are honest, people may cheat you. Be honest anyway. If you find happiness, people may be jealous. Be happy anyway. The good you do today may be forgotten tomorrow. Do good anyway. Give the world the best you have and it may never be enough. Give your best anyway. For you see, in the end, it is between you and God. It was never between you and them anyway

삶은 기회이니 삶이 주는 혜택을 누리라. 사람들은 종종 불합리하고 자기중심적이다. 어쨌든 그들을 용서하라. 친절하게 굴면 사람들은 숨은 동기가 있다고 비난할지도 모른다. 어쨌든 친절하라. 정직하게 굴면 사람들은 속일지도 모른다. 어쨌든 정직하라. 행복을 찾으면 사람들은 질투를 할지도 모른다. 어쨌든 행복하라. 오늘 행한 선은 내일에는 잊혀질지도 모른다. 어쨌든 선을 행하라. 당신에게 있는 최상의 것을 세상에 내주라. 그래도 충분치 않을 수도 있다. 어쨌든 최선을 기울여라. 결국에는 이것이 당신과 하나님 사이의 일이라는 것을 알게 될 것이다. 어쨌든 당신과 그들 사이의 문제는 아니었다.

주요 표현 외워 말하기 | 한국어 표현을 보고, 해당하는 영어 표현을 입으로 말해보세요.

❶ 당신이 정직하게 굴면 사람들은 당신을 속일지도 모른다.

❷ 당신이 행복을 찾으면 사람들은 질투를 할지도 모른다.

❸ 당신이 행복을 찾으면 사람들은 질투를 할지도 모른다.

---

❶ 당신이 정직하게 굴면 사람들은 당신을 속일지도 모른다.
If you are honest, people may cheat you.

❷ 당신이 행복을 찾으면 사람들은 질투를 할지도 모른다.
If you find happiness, people may be jealous.

❸ 오늘 당신이 행한 선은 내일은 잊혀질지도 모른다.
The good you do today may be forgotten tomorrow.

함께 읽기

이 시는 마더 테레사가 쓴 것으로 인터넷에 퍼져 있으나, 마더 테레사의 공식 사이트에서는 그녀의 시가 아니라고 분명히 밝히고 있다. 정작 이 시를 쓴 이는 누구인지 모른다.